LE CAPITAINE LAMBERT.

LAGNY. — IMP. DE GIROUX ET VIALAT.

LE CAPITAINE
LAMBERT

PAR

CHARLES RABOU.

I

PARIS,
DUMONT, ÉDITEUR,
PALAIS-ROYAL, 88, AU SALON LITTÉRAIRE.

1842.

I.

Rien ne ressemble à une ville de province comme le quartier qui, à Paris, avoisine le Jardin-du-Roi.

L'illusion qu'y procure tout d'abord l'absence complète de mouvement et la solitude silencieuse des rues, s'accroît encore par l'aspect des habitations, qui ne rappellent en aucune manière la forme et l'architecture des constructions élevées au centre de la ville. Là, point de ces fourmilières à six étages affectant au dehors la magnificence d'un palais, et au dedans, mesurant sordidement aux locataires dont elles regorgent, l'espace à peine suffisant pour se mouvoir et pour respirer. Là, point de magasins à splendides devantures, point de portes cochères monumentales et ouvragées ressemblant à l'entrée d'un baptistère ou à celle d'un temple grec. En ces parages isolés, la spéculation des boutiques n'étant d'aucune défaite, les rez-de-chaussée forment de modestes logements, dont les fenêtres, pour la sûreté de ceux qui les occupent, sont pittoresquement garnies de serrurerie, à moins qu'on n'y ait préféré, comme défense, des contrevents ouvrant à l'extérieur, et retenus durant le jour à la muraille par des tourniquets de fer, chéris du gamin de Paris, qui ne manque jamais de les faire *mouliner* en passant. Assez souvent élevée de plusieurs marches au dessus du sol, l'entrée de la maison est d'ordinaire une petite porte à moulures, et à un seul battant, donnant issue sur un corridor clair, qui ne doit pas être confondu avec ces hideuses allées, par lesquelles sont desservis les bouges infects de certains quartiers populeux. Quelquefois aussi la maison, en retraite sur la voie publique, en est séparée par un mur dont le pignon, en vue des tentatives nocturnes d'escalade, est classiquement garni de fragments de verre cassé qu'on y a implantés dans le plâtre encore frais. A l'intérieur des habitations ainsi disposées, si la porte vient à s'ouvrir, vous êtes à peu près sûr d'entrevoir la riante verdure d'un jardinet ou celle d'un berceau sur lequel s'épanouit une vigne mariée à la végétation des pois à odeur et de la capucine. Plus habituellement, un vaste jardin dessiné à la vieille méthode française s'étend derrière un corps de logis élevé sur l'alignement de la rue, et se révèle au loin par des senteurs de fleurs mêlées au parfum plus énergique des plantes potagères. Constamment entretenu par ces émanations végétales à un grand état de pureté, l'air de ce quartier, que ne vicient point d'ailleurs les miasmes des ruisseaux et des immondices, est d'une extrême salubrité, en sorte qu'il satisfait à toutes les conditions de l'hygiène la mieux entendue.

C'est sans doute à raison de ces heureuses dispositions sanitaires que ce petit coin de Paris a été choisi pour devenir le centre d'une spéculation qui s'y est constamment maintenue et multipliée.

De tous côtés, au dessus des portes, au plus haut de la façade et sur les murs latéraux des maisons; dans toutes les places en un mot où cette inscription a la chance de frapper les yeux, vous pouvez voir écrit, en caractères gros et lisibles : *Pension bourgeoise des deux sexes.*

Un des grands conteurs de notre temps, dans un roman célèbre, s'est plu à décrire avec ce soin exact et minutieux qui est l'un des caractères de son talent, l'intérieur d'un de ces établissements ainsi prospecturés. Il nous suffira donc de dire, après lui, que dans ces sortes de maisons de refuge de la petite propriété, l'industrie privée parodiant la philanthropie publique, reçoit, moyennant une modique rétribution annuelle, les célibataires malaisés, les vieillards restés sans famille, et les menus rentiers qui n'ont pas dans leurs revenus de suffisants moyens de pourvoir à leur subsistance. Là, au moyen d'une économique organisation de la vie en commun, toutes ces existences déclassées et besoigneuses, groupées autour du maître de l'usine qui trouve encore à vivre sur elles en leur servant de lien, échappent aux souffrances les plus aiguës de l'isolement et de la misère, et arrivent un peu moins douloureusement qu'elles n'auraient fait sans cette ressource à leur suprême dénouement.

Au commencement du dernier tiers de la Restauration, un de ces *fonds de commerce* situé dans la rue Neuve-Saint-Étienne, était exploité par une dame Bouvard, ancienne artiste dramatique qui avait tenu jusqu'à la dernière extrémité, dans les troupes de province, les rôles de *Dugazon-Corsets*. L'âge l'ayant enfin dépossédée de cet emploi, elle s'était retirée à Paris, et des générosités posthumes d'un vieil avocat de Bar-sur-Aube, mort son soupirant, elle avait acheté l'établissement à la tête duquel nous la voyons aujourd'hui.

En faisant cette acquisition, madame Bouvard s'était complètement méprise dans le choix du genre d'industrie auquel elle était propre. Un café ou un restaurant, dans le comptoir desquels elle eût intronisé des charmes restés encore à un état passable de conservation, eussent été infiniment mieux son fait que la grave administration d'une espèce d'hospice où aucune distraction ne venait la dédommager des charges laborieuses de son économat.

Veiller à ce que les besoins, souvent même les exigences d'hôtes infirmes et grondeurs fussent incessamment satisfaits; maintenir dans ce collége de vieillards en proie à toutes les mauvaises passions de leur âge, la bonne harmonie toujours près d'être compromise ; pourvoir au meilleur marché possible à l'approvisionnement de la maison ; y entretenir l'ordre et la propreté ; compter avec les fournisseurs ; soutenir avec les établissements voisins une âpre concurrence, voilà quelle était sa fatigante occupation de tous les jours. Maintenant peut-on considérer comme une suffisante compensation à tant de sollicitudes le babil de quelque commère du quartier venant parfois visiter la digne dame et la société de ses pensionnaires n'ayant jamais à la bouche que des doléances sur le présent, quand ils consentaient à laisser en paix les souvenirs cent fois rabattus de leur passé ? Disons le mot, d'ailleurs ; quand même des plaisirs moins austères et moins monotones lui eussent été permis, madame Bouvard aurait désiré encore, car, bien qu'ayant rompu avec les rôles de jeune première, elle continuait de sentir son cœur, que jamais jusqu'à cette époque elle n'avait laissé si vide et si inoccupée. Or, à une certaine émotion que ses attraits semblaient avoir encore le pouvoir d'exciter parmi la population décrépite de sa maison ; aux hommages qui, sous toutes les formes, depuis l'attention discrète jusqu'à l'impudente convoitise, émanaient vers sa beauté de tout ce vieux détritus humain, il ne lui paraissait pas que l'âge de la galanterie fût tout à fait passé pour elle. Aussi, par les belles soirées d'été, quand la crainte du serein avait confiné tous ses pensionnaires dans leurs cellules, descendant dans son jardin, elle y promenait mélancoliquement sa rêverie le long des allées solitaires, s'y occupant sans doute de quelque type vaporeux, dont elle eût trouvé une grande consolation à *peupler* la solitude de sa vie, mais que rien ne lui avait encore révélé.

Un soir que la plaintive hôtesse avait prolongé sa veille plus tard qu'à l'ordinaire, elle était assise sous un berceau de chèvrefeuille, respirant avec délices ses parfums nocturnes, quand tout à coup une chambre de la maison voisine, qui avait vue sur le jardin de la pension, vint à s'éclairer par la rentrée du locataire qui l'habitait. La fenêtre était restée ouverte pour donner accès à l'air frais et embaumé qu'il faisait ce soir-là à la suite d'une étouffante journée de juillet. La belle rêveuse put donc à son aise considérer l'action et la personne du survenant, et elle mit à cet examen une attention d'autant plus délibérée, que de son côté elle se croyait invisible pour lui.

Nos lecteurs seraient bien trompés si le voisin de madame Bouvard ne se trouvait pas constitué de manière à pouvoir devenir l'aimable soupirant, dont le besoin se faisait si vivement sentir à son isolement. Au premier aspect cependant, rien ne parut le désigner impérieusement à cet emploi.

Des traits peu réguliers et d'une médiocre distinction; de fortes moustaches blondes; des cheveux drus, roux et ras, contribuant par cette mâle disposition à donner au visage qu'ils couronnaient un air résolu et martial; des membres trapus et une carrure imposante; en somme, un air de force, de décision et d'audace, voilà ce que madame Bouvard eut bientôt fait d'inventorier. Quant à la curiosité qu'on pourrait nous montrer de savoir comment il se faisait que cet intéressant voisinage se révélât pour elle seulement ce soir-là, nous répondrons que la maison de laquelle dépendait la chambre qui attirait en ce moment ses regards était un hôtel garni, dont le personnel se renouvelait sans cesse, et que l'hôte imprévu qui apparaissait s'y trouvait apparemment installé depuis fort peu de temps.

Après s'être mise dans le *simple appareil* que comporte la température d'un jour d'été et la liberté du chez soi, notre nouvelle connaissance alluma une ample pipe d'écume de mer, et, s'accoudant sur l'appui de la fenêtre, commença, comme un volcan, à en jeter la fumée au vent.

A l'époque dont nous parlons, la grande révolution sociale qui a fait passer dans les mœurs élégantes l'usage du tabac, n'était pas encore soupçonnée, et l'habitude de fumer emportait avec elle une présomption de mauvaise éducation très difficile à concilier avec les perfections exigées dans un héros de roman ; mais il faut se hâter d'ajouter qu'à cette époque aussi, les moustaches, tombées depuis dans la vie civile, indiquaient nécessairement un militaire, et que, dans tous les temps, par une dispense expresse, les gens de guerre ont eu la permisson de charmer par la pipe les longs loisirs de leur vie passablement végétative et inoccupée. Au lieu donc de conclure de la distraction à laquelle il se livrait, que son nouveau voisin fût un homme de mauvaise compagnie, madame Bouvard fut amenée à penser qu'il portait l'épaulette, et nous devons avouer que ce n'était pas là une découverte faite pour décourager l'attention dont elle l'avait honoré jusque-là. Aussi continuait-elle à examiner assez curieusement sa silhouette, se dessinant dans l'ombre de la fenêtre, tandis que l'intérieur de la chambre éclairée derrière lui formait un fond lumineux sur lequel il se détachait, quand un rayon de la lune, venant à frapper sur la robe blanche de l'observatrice, la mit à son tour en relief, et la livra à une *contr'attention* dont les effets ne tardèrent pas à se marquer.

Nous ne prétendrons pas que notre officier (nous le prenons pour tel jusqu'à nouvel ordre) fit acte de très bon goût en allant détacher une guitare dont il commença à tirer quelques accords.

A un point de vue absolu, nous ne l'approuvons pas davantage, après qu'il eut ainsi préludé pendant quelque temps, d'avoir ouvert un feu roulant de romances parmi lesquelles nous sommes obligés de signaler *Fleuve du Tage*, et *Petits oiseaux, le printemps vient de naître*, deux mélodies aujourd'hui surannées, et qui compromettraient à ne jamais s'en relever le malheureux qui tenterait de les employer à séduire même une lavandière ou une bonne d'enfant.

Nous sommes donc prêts à en convenir : avec une femme du monde, et avec une beauté moins disposée que ne l'était madame Bouvard à laisser ravir sa pensée dans le ciel bleu de l'amour, le musicien eût commis une faute énorme, car sa sérénade retournée (d'ordinaire le chanteur est en bas et la belle à la fenêtre) était toute propre à le rendre ridicule et à témoigner d'une sorte de présomption entreprenante mal faite pour bien le recommander. Mais ici l'effet produit fut tout autre. Madame Bouvard accueillit avec quelque reconnaissance la musique envoyée à son adresse sur l'aile du zéphir; elle trouva que l'exécutant chantait avec goût, et ne fit pas mine de se retirer; seulement elle eut soin de se placer hors de la portée de l'indiscrète lumière qui avait trahi sa présence, trouvant ainsi moyen, suivant l'instinct marchandeur de toute femme qui accorde une faveur, de n'être là que d'une demi-présence, où sa modestie et son plaisir trouvaient leur compte à la fois.

Cependant le répertoire du musicien allait s'épuisant, et il se voyait prochainement obligé de mettre fin à son concert ou de tomber dans quelque redite, quand, onze heures venant à sonner, madame Bouvard s'aperçut qu'elle avait prêté aux accents du galant militaire une attention qui ne pouvait pas convenablement se prolonger plus longtemps. Quittant donc sa retraite, elle se mit en devoir de regagner la maison, laissant apercevoir à des yeux provisoirement condamnés à se contenter de cette remarque, une taille qui, pour manquer de finesse et d'élégance, n'était pas cependant dépourvue d'une appétissante rondeur et d'un provoquant abandon.

Longtemps après que cette aimable vision

se fut évanouie, le virtuose resta en observation, espérant que la chambre de la dame serait à portée de son regard et qu'il pourrait l'entrevoir, arrosant des fleurs à la fenêtre, fermant une jalousie ou reflétant son ombre derrière un rideau. Mais le pauvre galant en fut pour ses frais de patience. Le bel astre qu'il cherchait n'était pas situé dans une portion du ciel accessible à ses yeux, et tout ce qu'il recueillit d'une assez longue patience, fut de surprendre dans une mansarde qui faisait face à sa croisée, une grosse servante mettant ses papillottes et se coiffant de nuit.

Ainsi va le monde où partout le mal règne et gouverne; jamais l'appartement situé vis à vis du vôtre n'est celui de la fille ou de la nièce, c'est toujours celui de la mère ou de la tante : bien heureux quand vous n'avez pas le père ou l'oncle en perspective et que ni l'un ni l'autre de ces vénérables personnages n'est en outre atteint, au grand péril de vos oreilles, de la manie de quelque instrument insalubre, tel que la flûte (1), le violon ou le cornet à piston.

(1) On sait le mot d'un musicien célèbre : « Je ne connais rien de pis qu'une flûte, si ce n'est deux flûtes. »

II.

Il faut croire que l'image de la belle hôtesse avait vivement agité le sommeil de notre officier, car le lendemain de grand matin nous le trouvons à sa fenêtre, revêtu d'une capote d'uniforme et recommençant la faction que nous l'avons vu poursuivre, la veille au soir, avec un courage si malheureux. On aurait tort cependant de lui savoir un mérite absolu de cet empressement matinal auquel avait bien un peu de part le sous-intendant militaire qui, ce jour-là, devait passer la revue du régiment dont cet amoureux si vigilant faisait partie. Toutefois, en attendant l'heure de se rendre sur le terrain, il avait voulu voir si sa bonne étoile ne lui ferait rien découvrir de plus complet touchant *le songe de sa nuit d'été*. Il était donc en observation, humant comme un rossignol l'aurore et la rosée, quand, par un coup de sympathie, auquel la préméditation de l'aimable dame n'avait aucune part, madame Bouvard, dont le tracas commençait de bonne heure, fut amenée au jardin où elle descendit suivie de la servante que nous avons entrevue la veille, et qui venait, sous son inspection, faire une moisson des végétaux les plus prosaïques, tels que carottes, poireaux, oseille, salades et autres plantes de ménage et de pot-au-feu.

La digne hôtesse avait à peine mis le pied sur le perron qu'elle avait déjà entrevu le militaire à son poste, et nous nous garderons bien de prétendre que cette vue lui eût été en rien désobligeante; mais bien fin aurait été le galant s'il avait pu reconnaître à quelque signe qu'il avait été remarqué ou seulement aperçu. La maison à la fenêtre de laquelle il était placé se serait écroulée que la belle ménagère, le sachant à l'affût, n'aurait pas tourné la tête de son côté, ce qui ne veut pas dire cependant qu'elle eût rien perdu de ce qui se serait passé, les femmes ayant une inexprimable habileté de tout voir sans rien regarder. Quant au jeune homme, il y mit moins de façons, et ayant la liberté de considérer à plein celle dont il ne connaissait encore que la taille et la tournure, il fut ravi des grâces de son visage, auquel l'éloignement restituait en ce moment la plénitude d'une beauté qui, vue à moindre distance, ne laissait pas de marquer le passage des ans. Il décida donc à l'instant même qu'il ajouterait cette aimable vision à la liste de ses conquêtes, la très excellente opinion qu'il avait de lui-même n'admettant pas qu'à ce dénouement il pût se rencontrer d'autres obstacles que ceux qu'y apporterait l'insuffisante énergie de sa volonté.

Si jamais l'amour était banni de la terre, il y serait ramené en triomphe par une chambrière, cette sorte de femmes, indépendamment de l'ardeur chaleureuse qu'elles mettent personnellement à pratiquer son culte, étant instinctivement portées, dans tous les pays du monde, à se faire les entremetteuses les plus zélées de ses intérêts. Aussi, tout en cueillant ses herbes, la servante qui accompagnait madame Bouvard ne put se tenir de parler du galant qu'elle apercevait à sa croisée, et s'adressant à sa maîtresse :

— Madame a-t-elle remarqué, lui dit-elle, notre nouveau voisin ?

— Quel voisin ? fit madame Bouvard d'un ton d'indifférence qui allait jusqu'à la sécheresse.

— Ce jeune homme qui nous espionne, répondit la servante en montrant d'un signe de tête le militaire qui, en effet, ne quittait pas des yeux le carré de légumes auprès duquel elles étaient arrêtées.

— Ne regardez donc pas de son côté, reprit vivement madame Bouvard, sans calculer que, si elle eût eu affaire à un témoin plus clairvoyant, elle se fût compromise précisément par l'excessive alarme que prenait sa pudeur.

— Il paraît, continua la servante, qui heureusement ne tira aucune induction de l'indice accusateur qu'aurait pu lui fournir la pruderie exagérée de sa maîtresse, il paraît que c'est un jeune homme qui a des talents. Madame a dû l'entendre, hier toute la soirée, qu'il a chanté en jouant de la guitare.

— Ah! c'est donc là cette musique, répondit madame Bouvard, qui m'a tant impatientée que j'en avais les nerfs tout agacés en me couchant.

— Madame est difficile, repartit la chambrière, il me semblait, moi, que c'était très bien chanté; il y a surtout *Fleuve du Page* qu'il a joliment exécuté.

— Vous vous y connaissez! dit alors madame Bouvard d'un air dédaigneux, et, de fait, le souvenir de la sérénade avait perdu pour elle presque tout son charme depuis qu'elle savait que les chants qu'elle avait cru adressés à elle seule avaient aussi fait les délices de sa servante.

Ne se sentant pas de force à soutenir une discussion sur le mérite d'exécution qu'avait pu déployer le musicien :

— Ce n'est toujours pas votre vieux docteur, reprit la chambrière en se sauvant par un argument à travers champs, qui serait pour en faire autant.

— Comment, mon vieux docteur ! dit madame Bouvard en haussant les épaules ; que voulez-vous dire par là ?

— Madame ne sait donc pas que notre voisin est un officier de santé ?

— Et d'où le saurais-je, reprit aigrement madame Bouvard, est-ce que je suis, comme vous, au fait de toutes les nouvelles du quartier ?

— Ah ! mon Dieu, je n'ai pas fait d'intrigues pour apprendre ça ; c'est Jean, le domestique de l'hôtel, que j'ai rencontré hier soir et qui m'a dit : Nous avons au numéro trois un chirurgien du régiment caserné à la rue de l'Oursine ; vous le verrez, sa chambre donne sur le jardin. C'est un homme très savant, il a une trousse superbe, tous ses instruments sont montés en argent!

— Je vous avais déjà défendu, repartit madame Bouvard, de parler aux domestiques de l'hôtel.

— Tiens ! est-ce que je peux empêcher c't homme (c't homme était ici pour Jean) de me dire bonjour quand il me rencontre, on serait donc pis ici que dans un couvent?

La pauvre fille avait raison, mais c'est qu'elle ne comprenait pas le vrai motif de la mauvaise humeur que montrait sa maîtresse, à la suite de l'officieux renseignement qui lui avait été fourni. Un chirurgien de régiment! Nous le demandons à toute femme qui se pique de quelque sentiment romantique, est-ce là l'homme de ses rêves; ne sait-on pas qu'à tort ou à raison les médecins d'armée, quoique cependant Broussais les ait bien grandis et relevés, passent dans l'opinion vulgaire pour de féroces praticiens, aussi facilement amenés à vous couper un bras ou une jambe que peut l'être un autre homme à donner la main à un ami; or, à ce sujet, madame Bouvard partageait le commun préjugé, elle venait donc de voir tomber la révélation la plus désenchantante, au milieu d'une illusion à peine commencée; aussi, pendant tout le reste de la journée, fut-elle quinteuse et maussade, aussi se montra-t-elle sans indulgence pour les manies de tous ces vieillards au milieu desquels elle vivait, et s'abstint-elle soigneusement, le soir, de descendre au jardin.

Le lendemain cependant, un peu revenue de sa première émotion et plus capable de sainement envisager la réalité des choses, elle commença de se représenter qu'un chirurgien militaire était après tout un homme qui avait donné plusieurs années de sa vie à d'honorables études, et qu'un jour de bataille, quand, au lieu d'aller tranquillement près du lit d'un malade écrire une ordonnance, il courait, au péril de sa vie, parmi les obus et la mitraille porter secours aux mourants et aux blessés, il accomplissait une bien noble mission ! La Providence vint d'ailleurs en aide à celui que madame Bouvard avait été sur le point de déposséder si lestement de son estime ; car, dans la nuit qui suivit, un de ses pensionnaires se trouva tout à coup gravement incommodé, et le médecin ordinaire de la maison qu'on était allé quérir ayant refusé de se lever pour faire son office, on fut trop heureux d'aller réveiller le médecin militaire qui, à première réquisition, prêta le concours le plus empressé.

Présente à la consultation du jeune docteur, et donnant elle-même les mains à exécuter ses prescriptions, madame Bouvard, en remarquant la justesse de son coup d'œil et sa détermination prompte et rapide, continua de bien modifier ses idées touchant les médecins d'armée. Dès cette première rencontre, et tout en s'occupant de son malade, l'Esculape avait trouvé le temps d'adresser à la belle hôtesse quelques propos galants; mais, étant revenu le lendemain pour savoir le résultat de ses remèdes, qui avaient été couronnés du plus heureux succès, libre, à cette fois, de toute distraction pharmaceutique, il donna si bien ses soins à être séduisant et aimable, qu'il acheva de triompher de toutes les préventions dont il avait pu d'abord être l'objet. N'étant pas femme à faire les choses à demi, aussitôt convertie aux chirurgiens aide-majors, madame Bouvard en pratiqua la religion avec une ardente ferveur; on ne s'étonnera donc pas en apprenant que, huit jours à peine écoulés, le vide de son cœur était largement comblé.

Madame Bouvard était arrivée à cet âge où les femmes s'attachent avec une tenacité extrême parce que le roman de leur vie est à son dernier chapitre et qu'elles n'entrevoient plus guère de feuillets à tourner. Au contraire, l'aide-major Cousinot n'était ni de tempérament, ni de principes, ni de caractère à se fixer longtemps au même amour, il y a donc tout lieu de penser qu'un rapide désenchantement eût couronné sa rapide victoire, si, dans sa sensible maîtresse, il n'eût en même temps trouvé le dévouement d'une solide amitié. Les appointements d'un chirurgien militaire ne font pas vivre splendidement leur homme, et la dépense de notre séducteur était constamment en lutte ouverte avec son revenu. A chaque fin de mois, se dessinait dans ses finances un déficit qui ne tarda pas à le jeter en proie à une meute de créanciers de la pire espèce, à savoir : ceux qui réclament de misérables sommes et qui veulent d'autant plus être payés qu'il leur est plus chétivement dû. Les tracasseries auxquelles cette situation l'exposait, altérant profondément son humeur, madame Bouvard voulut recevoir la confidence de ses chagrins, et quand elle sut que quelques centaines de francs pouvaient rendre le calme à une existence adorée, elle offrit généreusement un sacrifice, qui, après quelques façons, fut accepté à titre de prêt.

Rien n'est perfide comme ce mot qui met en repos la délicatesse, qu'inquiéteraient des services d'argent rendus sous une autre forme ; aussi, toujours *à titre de prêt*, l'aide-major prit-il doucement l'habitude de puiser avec une certaine régularité dans la bourse dont on lui avait une fois montré le chemin. Pour nous servir d'une métaphore de son métier, chacune des saignées qu'il faisait à cette complaisante amie (nous parlons de la bourse et non de l'hôtesse) amenant toujours de sa part un redoublement de soins et de tendresse, madame Bouvard vit s'établir entre eux sans trop de regrets une sorte de loi agraire ; seulement ayant calculé qu'elle aurait tout bénéfice à donner à cette tacite communauté de biens une forme arrêtée et définitive, elle se disposait, malgré la disproportion d'âge qui était entre elle et son soupirant, à lui proposer de substituer à leur société anonyme une société par acte public et en nom collectif, quand ses projets furent dérangés par les évènements que l'on pourra voir dans les chapitres suivants.

III.

Une attention particulière doit être accordée au pensionnaire qui, par sa subite indisposition, avait préparé dans la maison de madame Bouvard l'introduction de l'aide-major Cousinot.

C'était un petit vieillard à la mine refrognée et soucieuse, qui, montrant un grand goût de la solitude, communiquait, du moins qu'il lui était possible, avec les autres habitants de la maison. Très enfoncé dans la dévotion, et sortant rarement dans un autre but, il allait chaque jour passer plusieurs heures à l'église, ne mangeait point à la table commune et était toujours couché avant dix heures, quoiqu'il se plaignît souvent de l'insomnie de ses nuits. Du reste, malgré le soin marqué qu'il mettait à maintenir l'*à parte* de sa vie, il était d'une humeur assez égale, poli dans ses manières et dans son langage, et ne donnait à personne sujet de se plaindre de lui.

Jusque-là dans ce personnage rien de bien exceptionnel, mais on admettra sans doute comme digne de remarque la singularité que nous allons signaler.

Au moins une fois par quinzaine, une voiture richement armoiriée, venant troubler le calme silencieux de la rue Neuve-Saint-Etienne, s'arrêtait à la porte de madame Bouvard. On en voyait descendre une femme à laquelle une toilette d'une exquise recherche donnait encore, sous ses quarante ans sonnés, un air de gracieuse jeunesse ; accompagnée quelquefois par son mari, homme de manières distinguées, mais dont l'extérieur annonçait une médiocre ouverture intellectuelle, plus habituellement elle venait seule ; et, après avoir demandé avec intérêt des nouvelles de M. Leduc (c'était le nom du vieux pensionnaire), elle s'empressait de monter à sa chambre où, allait le rejoindre dans le jardin quand il se trouvait s'y promenant au moment de son arrivée.

Autre circonstance à ne pas omettre : lorsqu'il aurait semblé naturel que le vieux solitaire se montrât heureux et honoré de cette brillante relation, il paraissait, au contraire, mettre une affectation désobligeante à la traiter d'un froid glacial qui formait un étrange contraste avec la déférence affectueuse dont il était l'objet. Comme il arrive entre gens qui aimeraient autant ne se point voir, la conversation, pendant tout le temps que duraient les visites faites à ce quinteux vieillard, se traînait péniblement, entrecoupée de longs silences que l'extrême bonne volonté de ses interlocuteurs ne parvenait jamais qu'incomplètement à combler. Seulement, à certains jours, et appparemment lorsqu'un sujet inconnu, qui peut-être était le lien de cet étrange rapprochement, venait à être mis sur le tapis, se départant de ses habitudes de silencieuse bouderie, M. Leduc paraissait s'animer outre mesure ; et, après avoir insensiblement élevé son sec accent de mauvaise humeur jusqu'aux éclats de la colère, il rompait brusquement l'entretien ; en ces sortes d'occasion il était de remarque que ceux qu'il traitait avec cette brutalité n'opposaient à ces emportements que la plus patiente résignation; et, d'ordinaire après ces scènes, ils laissaient passer fort peu de temps sans revenir, témoignant ainsi qu'ils n'avaient point gardé rancune du mauvais accueil de leur hôte et qu'ils éprouvaient un pressant désir de se réconcilier avec lui.

La bizarrerie de ces rapports était bien faite pour exciter la curiosité, et ils avaient été fréquemment l'objet des commentaires de madame Bouvard et de ses locataires, sans qu'au reste tout leur empressement à en démêler le caractère les eût amenés à aucune découverte de quelque importance. En se renseignant soigneusement auprès des domestiques qui accompagnaient les amis ou protecteurs de M. Leduc, tout ce qu'on avait pu apprendre, c'était le nom et la position sociale de ceux-ci, et l'étonnement créé par leur déférence et la pieuse régularité de leurs visites n'avait pu que s'accroître, quand on avait su que M. le baron de Chabourot, l'une des fortes parties prenantes dans le milliard de l'indemnité des émigrés, s'associant parfois lui-même à ce culte mystérieux, permettait, malgré la morgue de son nom, que sa femme vînt assidument rendre ses devoirs à un vieillard bourru qui avait appartenu à leur domesticité. A toute force cependant on aurait pu comprendre ce prodigieux raffinement d'égards pour un ancien serviteur qui avait peut-être rendu quelque service signalé à la famille qui les lui prodiguait; mais alors comment s'expliquer qu'il eût été relégué dans un de ces asiles pauvreteux, où ne se réfugient que les existences destituées de toute protection et condamnées à la solitude et à l'abandon ?

En sa qualité de maîtresse de la maison où se prolongeait depuis longtemps ce mystérieux commerce, madame Bouvard, plus que personne, se croyait engagée à le pénétrer, et à une époque il lui avait paru qu'elle était sur la voie d'une très judicieuse explication. Elle avait arrangé que Leduc était un de ces personnages de comédie qui se cachent sous un nom supposé, et qui, laissant flairer après eux l'espoir d'un riche héritage, se rendent, par cet espoir, l'objet des soins de quelque coureur de succession, aspirant, suivant son expression, à être *couché* sur leur testament. Si même il faut tout dire, nous ne cacherons pas que, durant quelque temps, la digne dame avait pensé à contreminer les projets de la famille Chabourot, en essayant, pour son propre compte, de capter la bienveillance de son hôte; mais, outre qu'elle avait été assez mal encouragée à persister dans cette idée par une remarquable répulsion que le vieillard avait toujours témoignée pour elle, il se rencontrait à son roman mille difficultés, par lesquelles il recevait d'assez notables démentis.

Par exemple, était-il probable que les Chabourot, récemment mis en possession d'un accroissement de fortune considérable, acceptassent, dans l'unique intérêt de l'accroître par l'alluvion d'un héritage, tous les humbles sacrifices qu'on les voyait faire incessamment au désir de bien vivre avec leur ancien valet? Quant au déguisement sous lequel celui-ci se serait caché, cette version était devenue insoutenable depuis qu'il avait été positivement reconnu par une ancienne femme de charge qui venait quelquefois visiter madame Bouvard, et qui avait vu Leduc exerçant dans la maison Chabourot les fonctions d'une espèce de majordome. D'ailleurs, pour justifier les espérances que le vieux domestique aurait pu faire naître de sa splendide succession, il aurait fallu qu'il thésaurisât, qu'on le vît s'imposer des privations et vivre de tous les ingénieux raffinements de l'avarice. Or, dans son existence, rien de pareil ; il dépensait comme un homme qui a un modique revenu, et non comme un homme qui, avec un médiocre revenu, a la passion de faire de grosses épargnes ; ce qui est peut-être le luxe le plus invraisemblable dans la vie d'un avare, on le voyait, de son mince superflu, faire quelques aumônes. Sans être recherché dans sa mise, il paraissait avoir le goût du beau linge et n'attendait pas, comme beaucoup de vieillards, pour quitter ses vêtements, d'être quitté par eux ; bref, vivant honnêtement suivant son apparente condition, jamais il n'avait semblé préoccupé d'avoir par devers lui des économies. Toutes ces choses considérées, la perspicacité de madame Bovare était donc complètement en défaut, et il fallait laisser au temps, qui est un grand *démêleur* d'intrigues, le soin d'entamer un secret qui, pour le moment, ne paraissait offrir de prise par aucun côté.

IV.

Si l'on veut bien maintenant nous suivre rue de Varennes, à l'hôtel Chabourot, on y trouvera, durant une soirée de décembre, les maîtres du logis grandement affairés à faire les honneurs d'une fête qui semblait destinée par ses magnificences à effacer le luxe de toutes les autres réunions que devait voir Paris cet hiver-là.

Madame de Chabourot avait d'autant plus à cœur de réaliser une splendide réception, que, récemment mise en possession d'un vaste accroissement de fortune, c'était pour la première fois qu'elle ouvrait sa maison. Ce jour-là d'ailleurs, sa fille, le seul enfant qu'elle eût de son mariage avec M. de Chabourot, venait d'accomplir ses dix-sept ans, et elle devait, par cette soirée, faire son entrée dans le monde.

Mère de famille et maîtresse de maison, madame de Chabourot vit ses deux amours-propres satisfaits au delà de toute expression.

En quelques heures, ses salons, inondés de fleurs et de lumières, en vinrent à ne plus plus pouvoir contenir la foule empressée qui s'y entassait. Au milieu de cette tourbe choisie, de cette cohue d'élite, indépendamment de toutes les illustrations de l'aristocratie, de la politique, des arts et de la science, on remarquait presque tous les représentants de la diplomatie étrangère ; et, quoique M. de Chabourot n'occupât aucune fonction dans l'État, trois ministres du roi avaient répondu à son invitation, lorsqu'il n'avait sérieusement compté que sur la présence d'un seul membre du cabinet. Quant à mademoiselle de Chabourot, le succès qu'elle obtint fut à rendre sa mère folle de bonheur : c'était à qui remarquerait sa grace virginale et la naïve timidité de son maintien, où rien pourtant n'accusait la gêne et l'embarras ; à qui parlerait du charme de sa figure pleine de distinction et d'élégance ; à qui louerait, qu'on nous passe une expression qui n'avait pas fait alors la fortune qu'elle a fait depuis, le parfait juste-milieu de son air de danser où ne se marquait ni le négligé ni le désintéressement affecté d'une femme qui cache son plaisir, ni l'ardeur pétulante d'une pensionnaire qui s'y livre sans mesure et de plein abandon. Obligée de répondre aux compliments qui, de toutes parts, lui étaient adressés sur sa *charmante fille* et sur la magnifique ordonnance de sa fête, madame de Chabourot ayant épuisé toutes les formules de remerciement et de modestes dénégations, commençait vraiment à être embarrassée de son triomphe quand une diversion inattendue vint la jeter dans un bien autre ordre d'idées.

Après l'avoir longtemps cherchée dans l'océan de convives qui, malgré l'heure déjà avancée de la nuit, ne s'était pas encore sensiblement tari, un domestique l'aborda d'un air mystérieux, et lui dit qu'un homme venu en toute hâte, de la rue Neuve-Saint-Étienne, était là, apportant la nouvelle que M. Leduc venait d'être frappé d'apoplexie, et que sa vie était dans un imminent danger. En adressant cet avis à pareille heure, madame Bouvard n'avait fait que se conformer à l'intimation plusieurs fois renouvelée, de faire prévenir sans délai à l'hôtel Chabourot, dans le cas où son pensionnaire viendrait à être atteint de quelque grave indisposition.

Maudissant, comme on s'en doute, cette fâcheuse révélation, madame de Chabourot se mit à son tour à la recherche de son mari, avec lequel elle voulait s'entretenir d'un évènement qui ne laissait pas, à ce qu'il paraît, d'être pour eux d'une haute importance. La fatalité, qui semblait prendre plaisir à lui mélanger de toute espèce d'amertumes les enivrements d'amour-propre sous lesquels elle succombait un instant avant, voulut que

M. de Chabourot se trouvât engagé dans une partie autour de laquelle s'étaient groupés des enjeux considérables. On s'imagine facilement l'impatience de sa femme pendant le temps qui s'écoula jusqu'au moment où, rendu à la liberté, il put lui prêter attention.

La fâcheuse nouvelle connue des deux époux, la nécessité de se rendre immédiatement chez madame Bouvard, ne fit pas entre eux une question. Évidemment l'absence du maître de la maison aurait été moins remarquée que celle de sa femme ; et, selon les lois de l'étiquette, c'était à lui que revenait la mission extérieure qu'il s'agissait d'accomplir dans le moment. Mais jusqu'ici madame de Chabourot ayant paru particulièrement dévouée au soin d'entretenir avec le moribond de bonnes relations, selon toute apparence, elle aurait mieux que son mari la chance de bien pourvoir aux occurrences que semblait rendre prochaines un dénouement depuis longtemps prévu avec sollicitude. Cet intérêt domina toute autre considération. Étant convenu que si son éloignement faisait quelque sensation, elle serait censée avoir été surprise d'une indisposition subite, madame de Chabourot se chargea de la rude tâche qui se présentait. Sans même attendre que l'on attelât ses chevaux et ne prenant pas le temps de faire une toilette de ville, elle s'enveloppa dans une pelisse, se jeta dans une des voitures de place qui ne manquent jamais de stationner à la porte d'une maison où retentit le bruit d'une fête, et sans même se faire suivre d'un domestique de confiance, elle ordonna qu'on la conduisît en toute hâte vers le quartier du Jardin-du-Roi.

V.

Sortir de l'atmosphère chaude, éblouissante et embaumée d'un bal, pour entrer dans les froides et humides ténèbres d'un carrosse de louage ; de là entendre encore le rhythme des contredanses marquées par les notes ronflantes de la basse, et saisir quelques mélodies que portent au loin des instruments aigus, puis, bientôt après, tomber dans l'isolement et le lugubre silence qui, durant les heures de la nuit, éteignent les grandes villes et les font ressembler à de vastes tombeaux ; c'est là une sensation par laquelle ont passé tous nos lecteurs, et dont nous n'avons pas à leur dire la désobligeance. Mais si l'on veut bien considérer que madame de Chabourot, en subissant cette transition pénible, courait au devant de l'agonie d'un mourant ; si l'on veut, en outre, se représenter qu'en cette rencontre effrayante et suprême, allait se trouver remis à ses mains le salut d'un intérêt apparemment bien difficile à administrer, puisque de si longue main il n'avait cessé d'être pour elle une sérieuse préoccupation, on pourra prendre une idée de sa torture morale pendant tout le trajet, et se figurer les sombres pensées dont elle marchait assaillie.

Trois heures sonnaient aux horloges du quartier au moment où la voiture s'arrêta à la porte de la pension bourgeoise. Madame Bouvard vint elle-même ouvrir, et comme madame de Chabourot lui demandait avec une vive sollicitude des nouvelles du malade, la triste hôtesse se contenta de lever les yeux au ciel et de hocher la tête comme pour dire qu'il n'y avait rien de bon à en attendre.

— Ainsi il est plus mal? fit d'un accent bref la noble dame, indiquant l'intention de ne point s'arrêter à d'autres explications, et de pousser droit à la chambre du malade.

—Oh! Madame, ne montez pas! s'écria vivement l'hôtesse, vous seriez en présence d'un trop triste spectacle. Et, en disant cela, elle se plaçait en travers de l'escalier.

Madame de Chabourot jeta un regard sur son interlocutrice comme pour bien se rendre compte de la portée de ce mouvement, puis apparemment, trouvant utile de se renseigner avant d'agir :

— Il est donc désespéré, demanda-t-elle, arrêtant sa pensée à mi chemin et ne voulant pas d'un seul coup aller au fond du malheur qu'elle redoutait.

— Vous pouvez croire, reprit madame Bouvard, que nous n'avons rien négligé de ce qui devait être fait, mais le mal a pris d'une si grande violence qu'on n'a pu s'en rendre maître...

— Ainsi il est mort ? interrompit la baronne, se décidant enfin à briser avec toute incertitude.

— Hélas! oui, il y a tout au plus un demi quart d'heure que nous l'avons perdu.

La douleur et l'affectueux regret ne furent pas les sentiments auxquels parut en proie celle qui apprenait ce triste et rapide dénouement. — Nous avoir prévenus si tard! se contenta-t-elle de dire en haussant les épaules et d'un ton de reproche; puis, comme madame Bouvard, entamant une longue justification, avait commencé d'expliquer qu'aussitôt le mal déclaré elle avait dépêché un exprès, mais que ledit exprès avait dû mettre un temps assez considérable pour franchir l'énorme distance qui sépare le quartier du Jardin du Roi de la rue de Varennes ; comme elle allait ajouter que, du reste, l'homme envoyé par elle était depuis quelque temps de retour, ce qui supposait que, la nouvelle donnée au faubourg Saint-Germain, on avait mis à le suivre un intervalle assez long, madame de Chabourot l'interrompit pour demander si le malade était mort avec les secours de la religion.

— Nous y avons fait tous nos efforts, répondit l'hôtesse, mais ces prêtres, quand on va les réveiller la nuit, sont si longs à se mettre en mouvement, que le pauvre homme était mort avant que les sacrements fussent arrivés.

Cette fâcheuse complication ne parut pas faire grande impression sur l'amie du défunt et, passant aussitôt à un autre ordre d'idées, elle voulut savoir de qui il avait reçu des soins.

— De moi, Madame, répondit madame Bouvard, qui ne l'ai presque pas quitté depuis le moment où il eut sonné, se sentant mal et demandant du secours.

— Mais n'avez-vous pas appelé un médecin?

— Si fait, vraiment, on a été aussitôt chercher un jeune docteur qui demeure dans la maison voisine, et qui l'avait déjà vu, il y a quelque temps, lors d'une légère indisposition qui lui prit; un jeune homme plein de talent, continua la bonne madame Bouvard, qui, en parlant ainsi de l'aide-major Cousinot, n'avait pas seulement l'intérêt de mettre sa responsabilité à couvert. — Et il n'y a pas à dire, ajouta-t-elle, qu'il n'ait pas vu clair dans la maladie, car à peine eut-il entrevu M. Leduc, qu'il me déclara que c'était un homme perdu.

— A-t-il jusqu'au dernier moment conservé l'usage de ses facultés? demanda encore madame de Chabourot, dont les questions ne finissaient plus.

— S'entend, Madame, qu'au moment où je suis entrée dans sa chambre, je l'ai trouvé en syncope, mais le médecin l'ayant saigné sitôt son arrivée, le sang est un peu venu et il a repris connaissance quoique restant dans une grande faiblesse.

— Avec l'usage de la parole ?

— Avec l'usage de la parole ; car c'est lui qui a demandé un confesseur ; j'ai aussitôt dépêché ma domestique à la paroisse ; comme elle tardait à revenir, M. Leduc s'impatientant me dit : Madame Bouvard, cet ecclésiastique se fait bien attendre, allez donc voir un peu s'il ne vient pas. Je suis alors descendue sur le pas de ma porte ; étant réstée là, en impatience, l'espace de cinq bonnes minutes, je suis remontée pensant que ma présence pouvait être utile ; au moment où je rentrais dans la chambre, le médecin me fit signe qu'il n'y avait plus personne, il venait de passer.

— Quelqu'un veille là-haut, sans doute, demanda la baronne, après avoir recueilli tous ces renseignements.

— Mon Dieu, Madame, reprit l'hôtesse avec embarras, il m'a été impossible de me procurer une garde à cette heure de la nuit, ma servante est une poltronne qui, pour rien au monde, n'entrerait maintenant dans la chambre du mort. Moi, je n'ai pas peur précisément, mais je suis si nerveuse, que vraiment je n'ai pas osé m'exposer à cette émotion.

— Ce sera donc moi qui ferai ce que personne n'ose faire ici, dit alors la grande dame, car cet abandon est du dernier scandaleux !

A cette parole, l'attention de madame Bouvard fut vivement éveillée ; se rappelant le souci qu'avaient toujours montré les protecteurs de Leduc d'être présents à ses derniers moments, elle supposa que cette occasion suprême ayant été manquée par eux, madame de Chabourot se ménageait d'être seule dans l'appartement du défunt, en vue de pourvoir au ténébreux intérêt qui avait déjoué jusque-là toutes les investigations. Sa curiosité faisant alors taire ses nerfs, elle s'offrit à partager le pieux dévouement de la baronne ; et comme celle-ci, assurant qu'elle n'avait besoin de l'assistance de personne, l'engageait à ne pas prendre un soin inutile, la défiante hôtesse n'en parut que plus déterminée à s'associer au funèbre office devant lequel elle avait d'abord reculé. On comprend, du reste, que cette lutte ne se prolongea pas fort longtemps : si madame de Chabourot n'avait aucune arrière-pensée, peu lui importait qu'on lui fît compagnie ; si, au contraire, elle avait quelque raison de désirer la solitude, il y eût eu maladresse et imprudence à trop vivement le témoigner. Elle céda donc et monta à la chambre mortuaire, suivie de la coadjutrice qui s'imposait à elle si obstinément.

VI.

Même en évoquant tous ses souvenirs de théâtre, l'ancienne artiste dramatique aurait eu quelque peine à se rappeler une scène qui fût comparable à celle que lui donnait cette noble dame venue en toute hâte, on ne sait au nom de quel passé mystérieux, s'agenouiller, vêtue encore de ses habits de fête, auprès des restes d'un obscur vieillard mort dans le plus hideux isolement, sans amis, sans famille et sans Dieu. Toutefois ce ne fut pas à la contemplation de ce philosophique contraste que la vigilante hôtesse dépensa le gros de son attention; convaincue qu'elle touchait à la révélation de l'impénétrable secret qui avait fait son désespoir, et s'attendant, à tout instant, de la part de la baronne, à quelque démonstration qui formerait le dénouement de cette intrigue, à peu près comme on fait au spectacle d'un escamoteur dont on a la prétention d'éventer les prestiges, elle observait curieusement tous ses mouvements et ne la perdait pas un moment de vue.

Après être restée un assez long espace de temps en prière, celle qui était devenue l'objet de cette étroite surveillance, vint s'asseoir au coin de la cheminée, en face de son argus; et, prenant un des livres de piété qui avaient été à l'usage du défunt, elle commença d'y lire d'un calme parfait sans donner aucune prise aux étranges soupçons qui s'arrêtaient sur elle. Il faut dire cependant qu'à d'assez longs intervalles, levant les yeux sans lever la tête, elle jetait sourdement sur madame Bouvard un regard rapide, comme pour voir si le sommeil ne la gagnait pas; mais celle-ci était ferme à sa faction et se gardait soigneusement de dormir, bien qu'au régime presqu'absolu de silence auquel l'avait condamné la baronne occupée sans relâche à sa lecture, les heures s'écoulassent pour elle mortellement longues, et qu'elle eût été sur le point de s'assoupir par plusieurs fois.

Le jour ne paraissait pas encore, mais la nuit s'avançait. La pendule marquait six heures ; un vent frais qui commence à souffler sur le matin aux approches du lever du soleil, bruissant dans le vitrage des fenêtres, annonçait que bientôt Paris allait s'éveiller.

Fermant alors son livre : — A quelle heure, demanda madame de Chabourot, pensez-vous avoir la garde pour nous relever?

— Mais bientôt, je pense, répondit l'hôtesse.

— Je vous serais obligée d'aviser à notre remplaçante, car le froid me gagne et je me sens très fatiguée ; n'avez-vous pas quelques arrangements à prendre à ce sujet?

— Bien ! pensa en elle-même la bonne madame Bouvard, qui crut enfin toucher à un engagement, tu veux me faire quitter la place, mais je te vois venir et ne bougerai pas. — Puis elle ajouta, cessant de se parler à elle-même : Je vais appeler la servante pour qu'elle aille chercher quelqu'un.

— Mais si cette fille a peur d'entrer ici, vous sonnerez inutilement, vous feriez mieux d'aller lui parler.

— Elle viendra bien au moins prendre mes instructions sur l'escalier, répondit la vigilante hôtesse s'obstinant à ne pas sortir de l'appartement; et, entr'ouvrant la porte, elle se mit à appeler la domestique à laquelle elle voulait donner ses ordres.

Soit qu'elle n'entendît pas, soit qu'elle ne pût se déterminer à approcher de la chambre où gisait le mort, cette fille ne vint pas; si bien que la maîtresse de pension continuant vainement son cri, madame de Chabourot lui fit remarquer obligeamment qu'elle allait réveiller tous les gens de sa maison et qu'il serait infiniment plus simple de descendre.

Ne se rendant pas à cette observation qu lui parut plus que jamais recéler un piège, madame Bouvard vint se pendre à la sonnette qu'elle tinta vivement à deux ou trois reprises ; mais personne ne paraissant :

— Vous voyez bien qu'il faut y aller vous-même, dit en souriant madame de Chabourot, et en avoir le démenti.

— Le démenti de quoi ? demanda l'hôtesse avec une vivacité qui ressemblait à de l'aigreur.

— De la résolution par vous arrêtée, répondit la baronne, de ne point me laisser seule dans cette pièce où vous supposez sans doute que je suis venue pour spolier la succession de l'homme qui vivait de mes bienfaits.

— Vous me prêtez là, Madame, une idée bien ridicule, dit madame Bouvard assez embarrassée de voir ainsi sa pensée percée à jour.

— Écoutez, ma chère madame Bouvard,

dit madame de Chabourot en mettant à ses paroles un grand accent de bonhomie, je ne suis pas tellement novice aux choses de ce monde que je n'aie d'abord entrevu votre intention. Si vous avez voulu m'honorer de votre compagnie, ce n'est pas dans la pensée de m'obliger, car je vous avais déclaré n'avoir besoin de personne; ce n'est pas non plus par respect pour le mort que sans moi vous auriez délaissé fort peu charitablement; vous ne vous êtes donc décidée à passer une nuit blanche que pour mettre à l'abri de tout reproche votre responsabilité de maîtresse de maison.

— Eh bien! fit alors l'hôtesse charmée de voir habiller si honnêtement sa soupçonneuse obstination, quand il en serait ainsi?

— Je trouverais, continua sans s'émouvoir la baronne, que vous dépensez fort mal à propos votre vigilance, et que vous allez chercher bien loin le danger quand les précautions les plus simples sont négligées par vous.

— Comment cela? demanda l'hôtesse un peu déconcertée.

— La première chose à faire pour s'assurer contre tout détournement, dit madame de Chabourot, c'est de mettre tout sous clef; et, en parlant ainsi, elle allait successivement au secrétaire et à la commode, les fermait à double tour et en remettait les clefs à madame Bouvard qui la regardait faire avec ébahissement. Pareille mesure prise avec les armoires :— Maintenant, continua-t-elle, pour achever de tout faire dans la règle, et quoique la succession n'en vaille pas beaucoup la peine, vous ferez, si vous m'en croyez, prévenir le juge de paix, afin que sans délai il appose les scellés. Puis elle ajouta avec une fine nuance d'ironie : Je crois que maintenant vous pouvez descendre sans danger.

Quand même, par ces façons froides et dignes, la noble dame n'eût pas exercé sur son interlocutrice un ascendant tout naturel, il y avait dans les précautions qu'elle venait de prendre et de conseiller elle-même, une conciliation et des garanties si entières, qu'en bonne conscience on ne pouvait se refuser à en être satisfait. D'ailleurs le moyen pour la curiosité de madame Bouvard, d'espérer encore quelque satisfaction? ne restait-il pas bien prouvé que l'enceinte de la chambre mortuaire ne recélait rien du secret qu'elle espérait pénétrer, madame Chabourot s'étant elle-même interdit l'accès de tous les lieux propres à en recevoir le dépôt matériel? Prenant à cette fois son parti, et ayant fait, pour savoir quelque chose, tout ce qu'il était humainement possible de faire, la digne hôtesse se décida à descendre, se proposant bien d'ailleurs de n'être que quelques minutes absente.

Ces quelques minutes suffirent pour lui faire perdre une partie qu'elle avait jouée jusque-là avec une grande prudence et un merveilleux instinct. Aussitôt que le bruit de ses pas eut achevé de se perdre dans l'éloignement, la baronne s'approcha du lit où gisait le vieux domestique; d'une main affermie par le sentiment d'une grande nécessité, elle souleva le drap qui cachait son visage, écarta la chemise et la flanelle qu'il portait sur la peau, se saisit d'un sachet de soie noir suspendu à son cou par un ruban comme une amulette, et à l'intérieur duquel elle s'assura bien qu'elle entendait le froissement d'un papier. Ayant eu le temps de remettre toutes choses en état, elle était assise et avait recommencé sa lecture quand ma-

VII.

Aussitôt après le départ de madame de Chabourot, madame Bouvard, suivant le conseil qu'elle en avait reçu, fit mander le juge de paix qui vint poser les scellés sur tous les meubles, comme l'y obligeait l'art. 909 du

Code de procédure civile, réglant qu'en cas de décès, les personnes qui habitent avec le défunt, si son conjoint ou ses héritiers ne sont pas présents, peuvent requérir cette apposition.

Cette opération était à peine finie, et le magistrat ayant clos son procès-verbal venait de se retirer, quand M. de Chabourot se présenta et demanda avec autorité à être conduit dans la chambre de Leduc.

Madame Bouvard l'y ayant accompagné, elle remarqua qu'une assez vive contrariété se peignait sur son visage à la vue de l'obstacle officiel qui s'opposait à l'ouverture des meubles, il ne put même se tenir de lui demander avec hauteur qui lui avait donné le soin d'appeler ainsi le juge de paix.

Voyant son désappointement, madame Bouvard se félicita d'autant mieux de la mesure qu'elle avait prise, car elle fut amenée à supposer que l'avenir était plus gros qu'elle ne l'avait cru d'un éclaircissement afférant au mystère des relations que les Chabourot avaient entretenues avec Leduc. Dans tous les cas, elle répondit que c'était sur le conseil même de madame la baronne qu'elle avait fait procéder à la formalité dont se plaignait M. le baron.

Celui-ci n'ayant rien trouvé à répondre à cette triomphante excuse, demanda l'adresse du juge de paix chez lequel apparemment il voulait se rendre, et, du reste, il s'occupa si peu de l'homme qui pendant sa vie avait été l'objet de tant d'égards, que madame Bouvard lui ayant demandé de quelle manière il prétendait que l'on réglât ses funérailles, il s'arrêta à peine pour lui répondre qu'elle lui fît un enterrement décent, mais modeste.

« Vous enverrez chez moi, ajouta-t-il, la note de ce que vous aurez dépensé et de ce qu'on peut d'ailleurs vous devoir, et partit aussitôt.

Le lendemain, suivant ces instructions, un honorable convoi conduisit le vieillard à sa dernière demeure, et sans la charité de deux pensionnaires de madame Bouvard et celle de quelques voisins, mis par elle en réquisition, jamais il ne se fût vu un cercueil plus abandonné et plus solitaire.

Cependant, au moment où le corbillard allait se mettre en marche, arrivèrent le valet de chambre et le cocher de M. de Chabourot, dépêchés apparemment pour le représenter à cette pompe funèbre, où l'on aurait pu s'attendre à le voir figurer en personne. Mais leur maître avait d'ailleurs pris de toute la cérémonie un souci tellement peu prévoyant, qu'ils ne surent que répondre à madame Bouvard leur demandant si elle n'avait pas trop pris sur elle en achetant une concession temporaire de 50 francs pour la sépulture du défunt. Il va sans dire cependant que cette audacieuse disposition de l'officieuse ordonnatrice fut ultérieurement ratifiée; mais il demeure en même temps prouvé que, sans la résolution de la digne dame, c'était dans la fosse commune que le pauvre Leduc eût été inhumé.

Quelques jours durant, tout le détail que nous venons de raconter fut, de la part de madame Bouvard, l'objet de commentaires que l'on peut imaginer. A la fin cependant, sur l'observation que lui fit Cousinot, qu'en parlant avec aussi peu de réserve d'une famille puissante, elle s'exposait à assumer sur elle de dangereuses inimitiés, elle consentit à changer de conversation et à laisser en paix les Chabourot et la mémoire de son pensionnaire; mais son attention ainsi reposée, elle n'en reprit que plus vivement la pensée matrimoniale que précédemment nous avons vu poindre en elle. Ayant commencé de pressentir l'aide-major à ce sujet, un soir, en le quittant, elle lui dit avec quelque solennité qu'elle désirait le voir le lendemain *sans faute*, parce qu'elle avait à causer avec lui sérieusement. L'annonce de cette communication extraordinaire ayant trouvé Cousinot rêveur et préoccupé, la tendre hôtesse augura bien de cette disposition pour le succès de ses ouvertures, et ne doutant point qu'elle n'eût été comprise à demi-mot. Pendant toute la nuit qui suivit, elle laissa sa brûlante imagination caresser l'enivrante perspective de l'action la plus fortunée.

VIII.

Au grand désappointement de madame Bouvard, toute la journée du lendemain s'écoula sans que l'aide-major parût chez elle, et le soir elle l'attendit vainement. Il y avait du reste une assez bonne raison pour que le lendemain il ne fût pas à Paris, rue Neuve-Saint-Etienne ; c'est que, parti dès le matin, il voyageait sur la route de Mantes, où il se rendait dans un intérêt que nous ferons connaître à nos lecteurs après que, préliminairement, nous serons entrés dans quelques indispensables explications.

A Mantes habitait un ancien officier nommé le capitaine Lambert, et qui avait fait précédemment partie du régiment où servait Cousinot. C'était un homme assez étrange que ce capitaine Lambert, et quand même il ne serait pas appelé à jouer, dans l'avenir de ce récit, un rôle considérable, nous ne nous refuserions pas au plaisir de faire poser un moment sa singulière figure devant nous.

Pendant vingt-cinq ans de sa vie, parlant militairement, il avait passé pour le plus infernal mauvais coucheur que l'on pût rencontrer. Bourru, désobligeant, n'ouvrant jamais la bouche que pour déprécier ou pour contredire, toujours prêt à se réjouir du malheur des autres, ne cessant jamais de se plaindre de son sort et de réclamer contre les injustices dont il prétendait être la victime; s'étant donné, durant sa carrière militaire, la consolation de tuer ou de blesser grièvement en duel cinq ou six de ses camarades, sans compter les bourgeois ou *pékins* qui, selon son expression, avaient passé par ses mains, il n'était parvenu à se faire tolérer au service que par une sorte de terreur que ses violences forcenées exerçaient sur tout ce qui l'approchait; mais, en retour de cette erreur, il était si cordialement détesté, que la nouvelle de sa mort eût été accueillie à peu près avec le sentiment de regret qu'on accorde au meurtre d'un crapaud ou à celui d'un chien enragé.

Aux alentours de l'année 1825, — il pouvait avoir à cette époque de 50 à 52 ans, — la plus étrange révolution s'était opérée dans son humeur; il était tout d'un coup devenu bienveillant, facile, entendant sur toute chose, la raison et la plaisanterie, et circonstance assez singulière, la médecine, qui d'ordinaire ne s'occupe que des maladies du corps, avait opéré cette cure morale à laquelle pouvaient à peine croire ceux qui en avaient été les témoins.

L'aide-major Cousinot avait été l'instrument dont la Providence s'était servi pour amener cette conversion merveilleuse, et voici dans quelle circonstance ce miracle s'était opéré.

Sous le Consulat, le capitaine Lambert, servant alors dans la cavalerie, avait reçu à la cuisse gauche un coup de biscayen, à la suite duquel il avait été question de la lui couper. Il s'était opposé à ce traitement, avec toute l'énergie qu'un propriétaire, qui ne se sent pas de superflu, met à conserver sa chose; et contre l'avis des médecins qui, en voyant son obstination à ne se point laisser faire l'opération, l'avaient déclaré un homme perdu, il n'était point mort et avait guéri.

Guéri n'est certainement pas le mot propre. Sa blessure s'était fermée, mais contre toutes les règles, en ne cessant pas de conserver un mauvais aspect et en laissant subsister dans la partie qui avait été affectée tantôt faiblesse et atonie, tantôt une irritation fébrile accompagnée de douleurs aiguës, dont rien ne pouvait rendre l'indéfinissable caractère. De temps à autre, d'ailleurs, la plaie mal cicatrisée venait à se rouvrir, et prenait la forme d'un ulcère de la plus méchante espèce, qui bientôt après se desséchait brusquement et d'une façon toute capricieuse. En vain les plus habiles médecins s'étaient employés à donner à ce mal, qui souvent paraissait s'amortir sous leurs efforts, une terminaison définitive ; en vain, à plusieurs reprises, le malade, que la fatigue du cheval avait décidé à changer d'arme, avait essayé des eaux de Bourbonne et de mille autres moyens thérapeutiques qui lui avaient été conseillés; à des intervalles plus ou moins prolongés, la même variété d'accidents se reproduisait, une souffrance interne, âcre et incessante, étant le seul symptôme qui ne se modifiât point.

Depuis environ deux mois, l'aide-major Cousinot avait pris son service dans le régiment où le terrible Lambert commandait une compagnie, quand celui-ci fut atteint par le redoublement d'un de ces accès d'exaspération périodique auquel son mal était sujet. Cousinot ayant été appelé, commença, comme tous ses prédécesseurs, par ne rien comprendre à l'état du malade; et tout le résultat qu'il obtint de ses prescriptions, fut la nécessité où il se jugea placé de se couper la gorge avec son client, aussitôt que sa crise étant passée, celui-ci se serait remis sur pied, le brutal lui ayant un jour jeté un cataplasme à la figure et l'ayant injurié avec la dernière grossièreté.

Un matin cependant que le malheureux Lambert, après avoir passé une nuit d'affreuse souffrance, avait fait prier Cousinot de passer chez lui, décidé à lui demander de pratiquer l'amputation du membre, qui depuis tant d'années ne cessait d'être son bourreau, l'aide-major ayant considéré avec une extrême attention la blessure qui ce jour-là était assez profondément béante, fut conduit à supposer qu'un corps étranger pouvait bien y être recélé. S'étant fait raconter dans le détail le plus exprès et le plus minutieux les circonstances dans lesquelles le blessé avait été frappé, il fut encore confirmé dans son diagnostic, en apprenant que le fourreau du sabre de Lambert avait été brisé par le biscayen, qui lui avait ensuite labouré la cuisse.

Prenant alors beaucoup sur lui, il avait demandé au capitaine s'il aurait le courage de souffrir une opération, à la suite de laquelle sa guérison complète lui paraissait très probable. Lambert s'étant engagé à tout supporter, Cousinot, qui se défiait de ses vivacités, avait fait venir quatre vigoureux grenadiers, avec lesquels, de l'aveu du patient, il avait été convenu que, quoi qu'il pût dire et faire, ils le tiendraient désespérément en respect pendant que l'aide-major opérerait.

L'aide-major s'étant aussitôt mis à l'œuvre, le patient l'avait d'abord assez tranquillement laissé travailler de son scalpel et pratiquer une incision cruciale pour débrider la plaie; mais, lorsque sa rude main se saisissant d'une sonde vint à l'introduire cavalièrement dans le foyer du mal, le malheureux Lambert, grimaçant de la plus étrange sorte, commença à se tordre comme une chanterelle sur un brasier. Maintenu d'autorité dans la position qui lui avait été donnée pour cette torture, il fallait le voir se crisper avec une contraction horrible de tous ses muscles, mugissant comme un taureau que l'on égorge, l'écume à la bouche et les yeux à moitié sortis de leur orbite; à la fin, vaincu par l'acuité de la douleur qui le pénétrait par toutes les fibres de ses chairs auxquelles leur immémorial état morbide avait communiqué une sensibilité excessive, il succomba sous l'effroyable énergie de la sensation, et la vie paraissant se retirer de lui, il s'évanouit. Profitant de cette relâche que la nature se procurait, Cousinot n'en fouilla que plus à son aise tous les recoins de la plaie, et à une profondeur où, jamais avant lui, on n'avait pénétré, il finit par rencontrer une résistance qui, explorée par quelques petits coups secs dont son instrument la sollicita, rendit à ne pas s'y méprendre un son métallique. Assuré désormais du résultat, à la sonde il substitua une pince d'une forme acérée, à l'aide de laquelle, ne se souciant pas de l'intérêt secondaire d'offenser les tissus, il parvint à saisir et à amener au dehors un morceau de cuir dans lequel était engagée une boucle de cuivre, le tout ayant fait partie du ceinturon du sabre mis en pièce par le projectile, et ayant été chassé violemment par lui (1).

(1). Tout ce fait médical est historique.

Comme si un soulagement immédiat eût été apporté à l'état du malade, il reprit presque aussitôt connaissance, et l'on comprend son admiration quand Cousinot, lui faisant montre de sa trouvaille, lui dit en riant :

— Quelle enragée discrétion de ne pas nous dire que vous logiez depuis vingt-cinq ans un pareil camarade de lit ; les volontés sont libres, mais vous prenez de drôles d'endroits pour serrer votre fourniment et ouvrir des boutiques d'armurier.

— Est-ce bien possible, répondait Lambert avec admiration, que j'aie gardé cela dans mon intérieur pendant un quart de siècle ! Je ne m'étonne parbleu plus du malaise que j'éprouvais dans ma damnée cuisse ; qu'on dise donc après ça que j'avais tort de n'être pas toujours gai et content !

— Capitaine, lui dit alors Cousinot, vous m'avez flanqué, il y a quelque temps, un cataplasme à la figure, et je voulais vous en demander raison ; mais, nom d'une balle mâchée ! c'est à moi à vous faire des excuses ; car je ne sais pas, vraiment, comment vous n'êtes pas devenu enragé ; vous en aviez le droit.

— Ça vous prouve, messieurs les drôles, fit alors le capitaine en s'adressant aux quatre grenadiers qui avaient servi d'*aides-opérateurs*, et qui se passaient curieusement l'*objet* de mains en mains, qu'il ne faut jamais mal parler de ses chefs, et dire : Le lieutenant, le capitaine est un être qui se délecte à nous faire manger de la salle de police ; car vous voyez l'agrément qu'a peut-être cet homme, pour peu qu'il ait servi dans la cavalerie, de posséder au fond de son individu une boucle ornée de son ardillon, qui l'*embête* pour sortir, et qui lui gâte l'humeur et le tempérament,

Cette morale faite, Cousinot procéda au pansement du blessé, et lui ordonnant de se mettre au lit et d'y rester en une complète tranquillité, il crut pouvoir lui promettre que, huit jours après, il serait radicalement guéri.

Dès le lendemain, en effet, la plaie perdant son aspect livide, se mit en voie de se cicatriser rapidement. Or, à mesure que le mal s'éteignait, le capitaine Lambert, délivré des rongeantes douleurs qui faisaient autrefois le tourment de sa vie, était comme transporté en un paradis, et à l'aigre et bilieuse disposition par laquelle avant sa délivrance il était sans cesse dominé, sentait se substituer une bienveillance universelle qui, en réalité, formait le fonds de son caractère, aigri jusque là et en quelque sorte dénaturé par l'atrocité de ses souffrances.

L'aide-major, comme on s'en doute, fut le

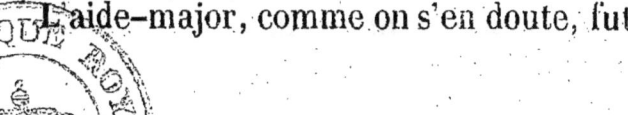

premier à ressentir les effets de cette heureuse transformation, et à la reconnaissance sans bornes, qu'à dater de cette époque, lui voua son malade, on put voir comme une seconde édition de l'anecdote du lion guéri par Androclès. S'étant peu après trouvé en état de sortir, le capitaine Lambert, pour inaugurer en lui le nouvel homme, chargea Cousinot de réunir en un repas tout le corps d'officiers ; là, le verre à la main, faisant amende honorable de son passé, le capitaine prit la parole et dit : « Mes chers camarades,
« j'ai été jusqu'ici ce qu'on peut appeler un
« paroissien désagréable, mais il ne faut pas
« m'en vouloir. Voilà, ajouta-t-il en tirant
« de sa poche l'étrange dépôt extrait de sa
« blessure, la vraie et unique cause de mon
« mauvais caractère, car vous comprenez
« qu'un homme qui possède pendant vingt-
« cinq ans, entre cuir et chair, un pareil lo-

« cataire, peut bien n'avoir pas toujours en-
« vie de rire, et être entraîné à quelques viva-
« cités. A partir d'aujourd'hui, je compte
« que vous me trouverez un autre homme;
« Cousinot, que je vous présente comme un
« talent à faire oublier un jour les Larrey et
« les Desgenettes, » et en parlant ainsi, il
frappait sur l'épaule de son libérateur assis
à ses côtés, « est là pour vous dire que l'état
« du physique est bien pour influer sur le
« moral d'un homme, et maintenant que me
« voilà accouché, j'espère enfin ne plus être
« cette bête du Gévaudan, que vous avez
« connue toujours prête à montrer les dents
« et à mordre. Que ceux donc d'entre vous
« qui auraient eu à se plaindre de moi, re-
« çoivent ici mes excuses, et honorez-moi
« tous un peu d'une amitié que mes façons
« de faire tâcheront désormais de me mé-
« riter. »

Cette petite allocution, faite de cœur et d'une voix émue, produisit tout l'effet que son auteur en pouvait attendre, et elle marqua dans son existence le commencement d'une ère nouvelle où de solides et estimables qualités prirent en effet la place de l'haïssable allure que sa vie avait jusque-là affectée.

Quelques années plus tard, l'âge légal de la retraite, contre laquelle, malgré le mauvais état de sa santé, il s'était jusque-là défendu avec fureur, ayant sonné pour Lambert, au lieu de parler, comme par le passé, de tuer son colonel, le chef de bureau et le directeur du personnel, calculant qu'avec sa pension et son petit patrimoine il pourrait mener une existence douce et tranquille, il se laissa exécuter de bonne grâce ; et, adoucissant le regret qu'il éprouvait de se séparer de son ami Cousinot par la promesse que lui fit celui-ci de venir le visiter quelquefois, il se retira à

IX.

La nuit, qui vient de bonne heure dans la saison où l'on était alors, avait déjà commencé d'assombrir les rues de la petite ville devenue la résidence de Lambert, lorsque l'aide-major, après avoir franchi les quinze lieues qui séparent Mantes de Paris, fut déposé à l'hôtel du *Lion d'or* par la voiture publique qui l'avait amené.

C'était la première fois que, depuis leur séparation, il visitait le capitaine; il eut donc besoin de prendre quelques indications pour trouver son domicile. Comme il arrive toujours en pareil cas, les renseignements furent plus nombreux et plus empressés qu'exacts, et notre voyageur était exposé au danger de s'engager dans une longue et difficile recherche, si son étoile n'eût amené au bureau de la diligence une servante venant savoir si un paquet qu'attendait son maître avait été apporté par la voiture, ce jour-là.

Entendant demander la maison du capitaine Lambert :

— Not'maître n'est pas mal chanceux, dit joyeusement cette fille ne trouvant pas l'envoi qu'elle était venue chercher; au lieu d'un paquet c'est un ami qui lui arrive, j'vais vous conduire, monsieur, ajouta-t-elle, si vous voulez bien me suivre. Et, munie par bonheur de son fallot, elle se mit en route, suivie de l'aide-major qui échappa ainsi à l'horrible désagrément d'errer à la nuit noire dans un pays inconnu, à la piste d'une maison qui, douée, selon la capricieuse topographie de ceux qui vous l'enseignent, d'une sorte d'ubiquité, est souvent située sur trois ou quatre points différents de la ville, avec cette circonstance aggravante que la distance d'un de ces points à l'autre représente presque toujours le plus long trajet qui puisse se faire dans une enceinte donnée, et vous renvoie d'un pôle à l'autre chercher la solution du problème que vous vous êtes proposé.

Tout en cheminant, Cousinot interrogea sa conductrice, voulant savoir si son ami Lambert se louait de son séjour à Mantes, et comment il y passait sa vie.

— Oh! Monsieur, répondit cette fille, l'capitaine s'plaît très bien ici. Il donne dans les fleurs, et on peut dire qu'il n'y a pas deux jardins troussés comme le sien dans la ville; c't'automne y avait foule pour voir ses dahlias qu'il en a de toutes les espèces. L'hiver, s'trouvant un peu plus désœuvré du jardinage, il s'rattrape sur sa pipe et lit dans des livres où's qu'on raconte des guerres et des traits d'soldats français, et puis il fait des feux d'enfer parce qu'c'est pas comme à Paris où le bois est si cher; y a aussi quétefois monsieur l'adjoint qui vient jouer avec lui l'piquet et qui s'dispute ensemble sur la politique dont monsieur parle d'après l'*Constitutionnel*; mais sans se fâcher parce qu'ils s'entendent assez bien sur ce qu'il n'faut pas d'jésuites et qu'la *congrégation* est une horreur; tout ça lui fait passer l'temps à c'thomme, et puis dame je l'soigne parce qu'ayant été avant lui chez un curé, je m'connais assez bien à un ménage. Et puis je lui fais du café, faut voir! qui dit qu'c'est dommage d'y mettre de l'eau-de-vie pour faire son *gloria*, mais c'est plus fort que lui, il lui faut son gloria, à c'thomme et il n'dormirait pas sans ça.

— D'après ce que vous me dites là, fit Cousinot quand cette longue ébauche d'intérieur fut enfin terminée, le capitaine vit assez seul et ne fréquente pas grand monde ici.

— Ah! pour ça non, il n'aime pas à fréquenter; moi non plus je n'aime pas les connaissances, parce que, voyez-vous, les langues faut qu'ça parle, et pour entendre dire du mal de tout l'monde c'est pas la peine; avec ça qu'y a beaucoup à faire sans que ça paraisse, dans une maison, continua avec importance la bonne ménagère ; c'est pas tout que l'ouvrage courante, faut entretenir le linge, couler ses lessives ; pour le vin, par exemple, c'est monsieur qui l'colle lui-même et qui l'met en bouteilles, mais excepté d'son jardin il n'se mêle de rien. Faut dire aussi qui me paie un bon gage...

— Et sa santé, interrompit l'aide-major qui finissait par être mieux informé des affaires de la servante que de celles de son ami.

— Sa santé ! mais il s'porte comme un charme, et dire qu'il avait été condamné par tous les médecins et qu'il n'y a qu'un nommé Cousinot, dont il me parle toujours, qui a vu clair dans son tempérament. L'connaissez-vous, monsieur, c'*sirurgien* là?

— Un peu, repartit l'aide-major en riant et tout heureux d'apprendre que Lambert conservât toujours pour lui la même ferveur de reconnaissance.

Cependant on était arrivé au logis du capitaine, et on juge de son ravissement en voyant la visite inattendue qui lui arrivait.

Il en eut la surprise aussi complète que possible, car l'aide-major, au moyen du passe-partout de la servante, entra sans être annoncé par la sonnette, et trouvant, chose parfaitement croyable, le bon Lambert assoupi au coin du feu sur un volume des *Victoires et Conquêtes*, il fut obligé de le secouer par le bras pour se faire reconnaître de lui.

— Est-ce que je rêve, s'écriait le capitaine en embrassant son cher docteur. (Il est de remarque que pas une classe de citoyens n'est plus chaude à l'embrassade que les militaires.)

— Non, parbleu, répondait Cousinot, c'est

bien moi en chair et en os, et ayant, qui plus est, une faim de tous les diables.

—Nous avons de quoi y pourvoir, répondit Lambert, appelant aussitôt sa servante pour lui commander de hâter le dîner et de faire avancer quelque corps de réserve afin de faire face à l'appétit du survenant.

Cette fille étant entrée :

— Eh bien! lui dit son maître, le voilà Marguerite, ce Cousinot dont je te parle tant, je ne m'attendais pas à te le montrer sitôt, que dis-tu de ce lapin-là ?

— J'dis qu'il est un peu traître, j'suis venue avec lui de la déligence, puisque c'est moi qui l'ai conduit ici, et je lui ai justement demandé si y connaissait votre ami Cousinot, i ma dit : Un peu, l'farceur !

— Ah! c'est que, vois-tu bien, dit le capitaine, c'est un compère qui en sait plus long que toi et moi et tout le régiment, sans en excepter le tambour-major qui se croit cependant un personnage, quand il a son colback en tête et qu'il fait mouliner sa canne.

— Ah ça! c'est pour quelques jours, j'espère, que nous vous avons ici, fit le capitaine s'adressant à son hôte.

— C'est-à-dire, repartit l'aide-major, que je prends la voiture qui passe à dix heures ; le colonel m'a accordé la journée d'aujourd'hui tout en gros, et il faut que je sois à Paris demain matin.

— Eh bien, ça valait la peine de se déranger, dit Lambert avec désappointement.

— Certainement que c'était la peine, j'avais à vous causer de quelque chose, et enfin depuis cinq heures qu'il est maintenant jusqu'à dix heures, on a encore le temps de se dire bien des paroles. D'ailleurs, le service, voyez-vous, je commence à en avoir assez, et d'ici à quelque temps je pourrai bien faire comme vous et le planter là. Alors, Dieu merci, on pourra se voir sans la permission du colonel.

— Il est sûr, mon ami, repartit Lambert, qu'avec vos talents vous pouvez très bien vous mettre à pratiquer dans le civil où vous auriez plus d'argent et votre indépendance. Par exemple, tenez, si vous vouliez venir vous installer ici, vous gagneriez gros comme vous ; c'est étonnant depuis le commencement de l'hiver ce qu'il y a eu de catharres et de petite rougeole, eh bien ? ils ne sont que deux pour ça, et pas forts, allez ! vous n'auriez pas grand'peine à les dégotter.

— Ah ! fit l'aide-major d'un air qui voulait dire beaucoup, j'ai une idée en tête, dont je suis venu vous parler ; au dessert, je vous conterai ça.

Le dîner ne tarda pas à être servi ; et, à la

rapidité avec laquelle il avait été préparé, on put s'assurer que les auxiliaires, mis en réquisition pour la circonstance, ne tenaient dans le menu qu'une place assez secondaire; ce qui suppose que l'ordinaire du capitaine était sur un bon pied, et que le cher homme ne se laissait point pâtir.

Après qu'en bien mangeant on eut causé de la position des camarades, des changements survenus dans le régiment, de quelques anecdotes graves ou scandaleuses qui en formaient la chronique; passé la poire et le fromage, dame Marguerite ayant déposé sur la table plusieurs bouteilles de liqueur, parmi lesquelles il s'en trouvait de la façon du capitaine, et versé cet incomparable café dont elle s'était vantée d'avoir la recette, les pipes furent allumées, on remit du bois sur le feu, et la conversation promit, plus que jamais, de devenir intéressante; le moment des confidences était arrivé.

X.

— Mon cher Lambert, fit l'aide-major, je suis venu vous demander un service.

—Vous, Cousinot ! répondit le capitaine vous savez que ma vie est à nous deux ; parlez.

— Je vous dirai, mon cher, que je suis sur le point de m'embarquer dans un duel...

— Un duel, interrompit Lambert, alors il s'agit d'être votre témoin ?

— Oh ! non pas un duel comme vous l'entendez : mais un duel ? Comment dirai-je ça... un duel... social...

— Expliquez-vous mieux, fit le capitaine, c'est une espèce que je ne connais pas.

— Enfin, je voulais dire que moi, chétif, moi, carabin obscur et sans le sou...

— Qu'appelez-vous un carabin obscur, un homme qui a fait une cure comme la mienne !

— Je suis, reprit l'aide-major, sur le point d'entamer une lutte avec une famille puissante, qui me *roulera* si je suis le moins adroit ou le plus faible, et qui mettra à mes pieds son crédit et sa fortune si je suis le plus habile.

— Oui dà! fit Lambert, étonné de cette révélation encore assez nébuleuse pour lui.

— Maintenant, vous allez me dire comment un pauvre chirurgien de régiment peut-il avoir la prétention de lutter contre des gens aussi bien placés pour se défendre? Ce sera la fable du pot de terre contre le pot de fer; et, en fin de cause, l'aide-major Cousinot pourrait bien n'être qu'une cruche, et une cruche fêlée, qui mieux est.

— C'est assez mon idée que vous rendez là, fit le capitaine.

— Mais si l'aide-major Cousinot avait un talisman?

— Un talisman! répéta Lambert de plus en plus ébahi?

— Oui, s'il avait dans les mains de quoi terrifier ses ennemis, de quoi les abaisser et les aplatir, si bien qu'ils seraient devant lui aussi petits garçons qu'un enfant de troupe devant son colonel ?

— Dam, repartit Lambert, il est clair que les autres, se trouvant les plus faibles, ce serait lui qui serait le plus fort.

— Eh bien! mon cher, reprit Cousinot, tirant de sa poche un paquet de papier cacheté soigneusement; ce talisman, le voilà. Avec ce peu de paperasses, je me charge de mettre en déroute les aristocrates que j'ai pour adversaires, et je ne me donne pas trois mois pour être un personnage, si peu que je sois secondé.

— Et en quoi peut-on vous être utile? demanda Lambert.

— Rien de plus facile et de plus simple que l'assistance que j'attends de votre amitié. Vous êtes le maître chez vous, n'est-il pas vrai, et vos meubles ferment bien à clé ?

— Je m'en flatte au moins, répondit le capitaine.

— Vous n'avez pas de femme, pas de maîtresse pour fureter dans vos cachettes, et vous dérober un secret?

— Pas de femme et pas de maîtresse, répéta Lambert, ce dont j'enrage bien quelquefois.

— Vous pouvez alors prendre ces papiers qui font ma force, comme à Samson ses cheveux, puis me les recéler en un endroit sûr où, vous et moi seulement, sachions qu'ils sont déposés, de manière à les mettre à l'abri d'un coup de main.

— Assurément, dit le capitaine, tout cela peut se faire; mais je vous avoue que j'aime assez à voir clair à mon ouvrage, et il me semble que vous me parlez là d'une affaire assez embrouillée.

— Vous entendez, mon ami, reprit l'aide-major, que consentir à m'aider sans comprendre, c'est là le service : car, s'il ne s'agissait que de me garder un chiffon de papier dans un tiroir, ce ne serait pas la peine de faire appel à votre amitié, un notaire pratiquerait la chose aussi bien et mieux que vous.

— Ce que vous dites là est parfaitement juste, répliqua le capitaine, mais mon amitié doit-elle vous laisser embarquer dans une affaire de cette importance sans vous adresser quelques observations ?

— Pour ce qui est de vos observations, dit Cousinot, elles porteraient probablement à faux, puisque, pour bien parler d'une chose, il faut la savoir, et que je ne puis vous en dire plus que je ne vous en dis là ; d'ailleurs vous me conteriez pour me faire quitter mon idée tout ce qui se pourrait trouver de plus sensé et de plus fort en raisonnement, que vous y perdriez votre latin ; mon parti est pris.

— Ah ! fit Lambert, puisque vous êtes si gentil et si commode à persuader, je rengaîne mon sermon ; mais avant que vous ne me disiez ce que j'ai à faire, une question seulement.

— Dites, repartit l'aide-major.

— Êtes-vous bien sûr, la main sur votre conscience, que votre projet n'a rien de louche dans sa moralité, et que l'entêtement que vous en avez ne vous fait pas d'illusion là-dessus ?

— A cette question je n'ai que deux mots à répondre. Non-seulement en agissant comme je me propose de le faire, je ne porte dommage à personne, mais je suis au contraire une espèce d'instrument employé par la Providence à la réparation d'une grande injustice.

— Alors, fit Lambert, donnez-moi vos papiers.

Cousinot livra le paquet cacheté au capitaine, qui alla aussitôt le serrer dans un tiroir dont il ôta la clé.

— Je le cacherai mieux que ça, dit le dépositaire, quand vous serez parti, c'est en attendant que je le mets là.

— Maintenant, fit l'aide-major, j'ai à vous donner quelques instructions. J'ignore absolument comment mes adversaires prendront la chose, s'ils se fendront contre moi en tierce ou en quarte, enfin les coups que j'aurai à parer.

— Mais, mon ami, vous avez le diable au corps! vous allez attaquer sans avoir reconnu...

— Il se fait tard, dit l'aide-major en interrompant, et si vous ne me laissez pas dire, je manquerai la voiture ou je n'aurai pas le temps de vous expliquer les choses.

— Satanée caboche ! s'écria le capitaine en avalant un verre de rhum pour faire diversion à la cruelle domination que Cousinot exerçait sur lui.

— Je sais seulement de très bonne source, continua Cousinot, qu'avec toute leur aristocratie, ce sont des gens assez peu délicats sur les moyens. Je regarde donc comme très possible, une fois qu'ils sauront les armes terribles que j'ai contre eux, qu'ils essaient à se défaire de moi.

— Ils feront, saprebleu ! bien, interrompit Lambert avec une comique indignation, et vous n'aurez que ce que vous méritez.

— Oui, mais une fois que je les aurai avertis que le talisman est en lieu sûr et inexpugnable...

— Oh ! pour ça, fit Lambert, ne s'embarrassant pas de la contradiction, ils n'ont qu'à venir, ils seront bien reçus.

— Laissez-moi donc dire, fit Cousinot avec impatience.

— Je vous écoute, dit le capitaine, « une « fois que vous les aurez avertis que le talis- « man est en lieu sûr et inexpugnable... »

— Si j'ajoute, continua l'aide-major, que du jour où on entreprendrait quelque chose contre moi, le dépôt fera explosion et éclatera, vous comprenez qu'au lieu de vouloir m'arracher un cheveu de la tête, ils me mettraient plutôt dans du coton.

— Ça se comprend, dit Lambert, mais je ne vois pas ce que j'aurai à faire dans tout ça.

— Cependant, reprit l'aide-major, comme il serait à toute force possible qu'ils ne tinssent pas compte de mes menaces et qu'ils ne me fissent, malgré le danger que je leur aurais signalé, un mauvais parti; ne voulant pas leur donner ma peau gratis et rester comme un sot sur le champ de bataille, c'est alors que vous intervenez. Aussitôt que vous apprenez que votre pauvre Cousinot a eu du dessous, vous ouvrez le paquet que je vous confie, et vous y trouvez mes dernières volontés que je vous charge d'exécuter.

— Jolie idée que vous me mettez là devant les yeux, fit alors le capitaine, et dire qu'un homme raisonnable s'organise ainsi à plaisir un casse-cou!

— Mais encore une fois, repartit l'aide-major, il y a tout lieu de penser que l'affaire s'arrangera à l'amiable, et c'est par excès de prudence que je prévois tous les cas.

— Vous prévoyez tous les cas, c'est-à-dire, repartit Lambert, que j'en vois une foule qui ne sont pas prévus, ainsi, vous pouvez mourir de mort naturelle, ou bien on peut vous faire disparaître sans que personne sache ce que vous êtes devenu, ou bien vous pouvez faire un voyage.

— Si je venais à mourir de mort naturelle, dit l'aide-major, les pauvres gens n'en seraient pas la cause, et après vous être bien assuré que je n'ai pas succombé à un guet-à-pens, vous jetteriez le paquet au feu. Si je faisais un voyage, je vous verrais naturellement avant mon départ ou je vous écrirais et vous donneriez des instructions nouvelles. Mais, pour le cas d'une disparition de mon individu, n'ayant pas laissé de traces, mettons le délai à six mois depuis le jour où j'aurais été escamoté. Ces six mois écoulés, ma foi, vous ouvririez le paquet et feriez comme si vous aviez la certitude de ma mort violente. Toutefois, je ne saurais trop vous le redire pour vous tranquilliser, ce qui est probable, c'est que la crise où j'entre aujourd'hui, d'ici à très peu de temps, aura une terminaison favorable et que toutes ces précautions seront superflues.

Au moment où s'achevait le long exposé de cette ténébreuse et bizarre entreprise, la servante de Lambert entra dans la chambre où les deux amis étaient encore attablés; et, s'adressant à Cousinot : — Si monsieur, dit-elle, veut partir par la voiture de ce soir, il est temps, les trois quarts de neuf heures viennent de sonner, et la diligence est quelquefois en avance, quoique souvent elle soye plutôt en retard.

— Merci, ma fille, fit Cousinot en se levant et en s'enveloppant dans son manteau, je m'endormais là sur le rôti; puis, s'approchant de Lambert, qui paraissait absorbé dans d'assez pénibles réflexions; à bientôt, mon ami, dit-il en lui tendant la main.

— Attendez, dit Lambert, comme en se

réveillant d'un rêve pénible, je vous accompagne à la voiture.

— A quoi bon aller vous geler ? dit alors l'aide-major ; restez donc auprès de votre feu.

— Est-ce que je suis assez sûr de vous revoir, lui répondit Lambert à voix basse et en lui serrant vivement le bras, pour me priver de quelques minutes que j'ai encore à passer avec vous ? Parlant ainsi, il prit le fallot que sa servante avait allumé, et sortit de la maison suivi de Cousinot.

Leur conversation, durant le trajet jusqu'à la diligence, fut assez morne, quoique l'aide-major affectât une gaîté qui n'était peut-être pas sans un mélange de sérieuses préoccupations.

Le moment de la séparation venu, Lambert se jeta au cou de son ami, qu'il tint longtemps embrassé ; puis, comme Cousinot fut monté dans la voiture : Au moins, écrivez-moi bientôt ! lui cria le capitaine.

Cependant les relais avaient été attelés, le postillon était en selle, mêlant au concert formé par les hennissements et le bruit des grelots, l'harmonie de cette langue inarticulée dans laquelle ses pareils sont accoutumés de s'entretenir avec leurs chevaux ; bientôt après, du fouet et de la voix il mit en mouvement la lourde machine roulante, qui emporta rapidement l'aide-major où l'appelait sa destinée.

XI.

Pendant que Cousinot se mettait en route pour regagner Paris, sortant de l'Opéra où avait eu lieu, ce jour-là, une représentation *à bénéfice*, la famille Chabourot rentrait à son hôtel, ramenée par un fougueux attelage, qui seul eût suffi pour constater son opulence et la faire tenir pour heureuse entre les heureux du siècle.

Arrivée à son appartement, madame de Chabourot dit à la femme qui se présentait pour faire son office de camérière, qu'elle se passerait, pour ce soir-là, de ses services, et en même temps elle retint auprès d'elle sa fille, en lui faisant connaître qu'elle avait à lui parler avant de se mettre au lit.

L'ayant, avec une sorte de solennité qui indiquait une communication de quelque importance, engagée à s'asseoir :

— Si depuis quelque temps, lui dit-elle, vous n'étiez pas profondément préoccupée et distraite, vous auriez remarqué entre madame de Janvry et moi, de fréquents pourparlers auxquels votre perspicacité naturelle vous aurait fait comprendre que vous étiez mêlée.

— Moi ! fit avec étonnement la jeune fille.

— Oui, vous, Thérèse, reprit madame de Chabourot, que mon amour de mère a toujours entourée d'une ardente sollicitude et qui allez en avoir une nouvelle preuve dans la confidence que j'ai à vous faire ici.

— Je vous écoute, chère maman, répondit mademoiselle de Chabourot dont on comprend que l'attention avait été tout d'un coup éveillée par ce début.

— Je ne sais, reprit la baronne, si au bal qui eut lieu ici il y a trois semaines, vous avez remarqué un jeune homme que sa tournure et ses façons parfaites peuvent faire distinguer facilement.

— Mais il y avait beaucoup de jeunes gens *très bien*, repartit Thérèse.

— Sans doute, dit madame de Chabourot; mais celui dont je vous parle a dansé avec vous, et il est si particulièrement fait pour ne point passer inaperçu que vous seriez à peu près la seule dans la mémoire de laquelle il n'ait pas laissé quelque ombre de souvenir.

— La danse fait bien du tort aux danseurs auprès de nous autres jeunes filles, repartit mademoiselle de Chabourot, et je vous assure que, dans cette soirée, je n'ai rien vu dans le détail.

— Vous dansiez assez langoureusement ce jour-là, reprit la baronne, et je sais peut-être une autre raison du peu de clairvoyance que vous avez montré en cette occasion ; mais c'est là un sujet sur lequel nous aurons tout à l'heure l'occasion de revenir. En attendant, puisque votre mémoire se trouve dans l'impossibilité absolue de me venir en aide, laissez-moi vous apprendre, à défaut de la vôtre, l'impression à peu près générale que j'ai recueillie touchant la personne dont je vous entretiens.

Il faut croire que le *sujet* auquel madame de Chabourot avait parlé de *revenir*, était peu agréable à Thérèse ; car, en entendant cette parole, elle avait baissé les yeux, et une contrainte marquée se peignit dans ses traits.

— Je vous dirai donc, reprit la baronne, quoiqu'il soit assez ridicule de parler comme un passeport, que celui qui n'a point su obtenir un seul de vos regards, est un jeune homme d'une taille élancée, d'une figure aussi avenante que distinguée, se mettant d'un très bon goût, et qui, au dire de chacun, était incontestablement l'homme le plus élégant de tous ceux que j'avais réunis dans mon salon.

Ayant fait ici une pause, comme pour indiquer la transition à un autre chapitre :

— Pour ce qui est du moral, continua madame de Chabourot, il passe pour s'exprimer en très bons termes, pour avoir quelques talents agréables, pour être d'un esprit fin et cultivé, et, ce qui annonce un heureux caractère, pour ne pas faire, le moins du monde, vanité de tout le mérite que l'on reconnaît en lui.

— Vous dites? demanda la baronne s'interrompant elle-même et prenant apparemment en mauvaise part le silence dans lequel la jeune fille laissait passer ce long défilé de louanges.

— Rien, maman, répondit Thérèse, je vous écoute.

— En supposant, du reste, reprit la noble dame, que quelques-unes des qualités que je viens d'énumérer puissent lui être contestées, il n'en est pas de même de quelques avantages à lui, moins immédiatement personnels. Par la mort de ses parents, il est en jouissance de 60,000 livres de rentes. Du fait de son oncle, mort aussi sans enfants et qui avait été autorisé par le roi à lui transmettre son titre, il n'attend que l'âge légal pour siéger à la Chambre des Pairs ; il a d'ailleurs un fort beau nom, il s'appelle M. de Freneuse et est le neveu de madame de Janvry.

— Il faut convenir en effet, dit Thérèse, sentant bien que son mutisme ne pouvait pas convenablement durer plus longtemps, que peu de gens pourraient se flatter d'être nés sous une si heureuse étoile.

— Maintenant, reprit la baronne, il vous faut savoir que s'il n'a pu parvenir à se détacher pour vous un peu en relief, au milieu de la foule, il en est tout autrement de l'impression que vous avez produite sur lui. Il vous a prodigieusement admirée, vous trouve belle, gracieuse, distinguée...

— Maman, fit mademoiselle de Chabourot en demandant grâce.

— Depuis le bal où il vous a vue, il ne cesse de parler de vous à sa tante, qu'il sait être dans mes relations habituelles; enfin, il a si bien fait qu'il y a huit jours, madame de Janvry est arrivée ici avec des airs officiels et négociateurs, et comme d'ailleurs, soit dit entre nous, vous êtes un parti fort passable, elle m'a demandé votre main pour son neveu, dont vous comprenez maintenant que je vous aie parlé un peu longuement.

— Oui, maman, répondit Thérèse, les yeux attachés sur la valenciennes de son mouchoir, qu'elle faisait négligemment glisser dans ses doigts.

— Ah! reprit madame de Chabourot, j'oubliais de vous dire; car je vous ai parlé de ma sollicitude maternelle dans cette affaire, et jusqu'ici je n'aurais vraiment aucun mérite à tout ce qui s'est fait ; que, par mon influence, madame de Janvry s'engage à avantager M. de Freneuse de deux cent mille francs, ce qui est une addition de dix mille livres de rentes, qui se retrouvent dans une existence si largement dotée qu'elle soit. Voyez-vous à présent quelque objection à faire à nos projets?

— Mais, fit timidement Thérèse, une chose aussi sérieuse qu'un mariage entre gens qui ne se connaissent pas !

— Vous venez, repartit madame de Chabourot, de passer toute une soirée ensemble, car notre partie d'Opéra n'avait pas été arrangée à une autre intention ; je ne sais ce qu'il vous a semblé de M. de Freneuse, mais je sais que, pour lui, il n'a trouvé dans cette rencontre que des raisons nouvelles de persister dans son désir ; car il l'a dit tout bas à sa tante qui me l'a répété en sortant.

— M. de Freneuse, dit alors mademoiselle de Chabourot, avait en cette occasion un grand avantage; son attention était prévenue, pendant que la mienne ne l'était pas, il doit donc naturellement avoir de l'avance sur moi.

— Ce que vous dites là, repartit la baronne, est très finement exprimé, mais c'est plutôt là une chose spirituelle qu'une chose sensée. Vous comprenez que l'assentiment déjà donné par votre père et par moi à ce mariage, vous dispense d'appliquer à la personnalité de M. de Freneuse toute la profondeur de réflexion dont vous êtes susceptible; il suffit donc que vous vouliez bien avouer que rien en lui ne vous déplaît.

— Je mentirais, répondit la jeune fille, si

je disais qu'il m'a déplu en quelque chose, mais ce sentiment tout négatif...

— Complété, interrompit madame de Chabourot, par la détermination d'un père et d'une mère qui, en pareille circonstance, ont le droit et le devoir de vouloir jusqu'à un certain point pour leur enfant, me paraît parfaitement suffisant pour assurer le bonheur d'un ménage. Je n'hésite donc pas à vous prévenir que demain M. de Freneuse vous sera présenté officiellement sur le pied que je vous ai dit.

— Mais enfin, reprit mademoiselle de Chabourot avec quelque hésitation...

— Écoutez-moi, Thérèse, dit alors la baronne d'un accent impérieux, votre résistance à un établissement de tous points si convenable, n'est point de celles qui s'expliquent naturellement. Ce jeune fou, qu'il y a quelques mois M. de Chabourot crut devoir éloigner de cette maison, où imprudemment notre bon cœur l'avait admis, n'encourut ce traitement qu'à la suite de sa révélation qui nous fut faite de prétentions aussi folles que désordonnées ; ne me laissez pas entrevoir que ses prodigieuses illusions avaient trouvé un écho dans votre cœur, et que M. de Freneuse soit exposé à l'étrange humiliation d'une pareille rivalité.

— Celui dont vous parlez n'est plus, répondit Thérèse avec une nuance d'amertume.

— C'est justement l'attitude par vous gardée quand cette nouvelle nous parvint ; ce sont vos airs dolents et préoccupés depuis ce moment, et couronnés aujourd'hui par la répugnance avec laquelle vous entendez parler d'une affaire que tout autre accueillerait d'enthousiasme ; ce sont toutes ces étrangetés qui pourraient aussi me conduire à d'étranges soupçons.

— Mais, dit Thérèse, je connaissais ce jeune homme dès l'enfance, sa fin fut déplorable, quoiqu'indirectement je fus cause en partie de son malheur, comment donc aurais-je appris sa mort sans émotion?

— Il y a à toute chose, ma chère enfant, des nuances infinies, repartit madame de Chabourot, et ce n'est pas à une personne d'un esprit aussi distingué que le vôtre qu'il est nécessaire de les indiquer. N'insistons donc pas sur la mesure plus ou moins parfaite que votre bon cœur a pu marquer dans l'expression de regrets qui se comprennent et s'excusent; mais vous sentez que, devant trouver une explication à un refus qui de lui-même serait inexplicable, votre père et moi serions, malgré nous, entraînés à voir dans votre résistance la filiation d'une pensée compromettante et romanesque. Ainsi donc, replacez-vous dans la vie réelle, prenez un peu mieux le bonheur qui vous arrive, en patience, et soyez ce que l'on vous a toujours connue d'ailleurs, une fille respectueuse et sensée.

— Mais tant de précipitation, fit Thérèse, est-elle donc si nécessaire?

— Peut-être, repartit madame de Chabourot. D'abord la recherche de M. de Freneuse me paraît pour vous si avantageuse, que mon instinct est de la traiter comme une occasion, c'est-à-dire, comme une de ces occurrences avec lesquelles on n'hésite pas. Et puis, n'y eût-il pas d'autre raison; madame de Janvry, qui est à ménager, insiste et me persécute : « Mon neveu, me dit-elle tous les jours, se meurt d'amour, et votre fille, que je sache, n'a aucune raison de ne pas l'honorer de son assentiment. Du reste, a-t-elle ajouté ce soir en me quittant, il en sera ce qu'il pourra, mais, au risque d'une avanie, je vous préviens que demain, sans plus de remise, je vous présente M. de Freneuse sur le pied de candidat à votre alliance. » Vous voyez, mon enfant, ajouta madame de Chabourot, qu'il n'y a pas à reculer. Jusqu'à demain du reste, vous avez et au delà le temps nécessaire pour prendre une si facile résolution! Maintenant, bon soir! car, malgré l'intérêt de notre conversation, je sens que le sommeil me gagne.

Ainsi congédiée, Thérèse se leva; s'approchant de sa mère, elle en reçut sur le front un de ces baisers en manière d'acquit, menue monnaie de famille à laquelle l'habitude donne au moins autant cours que l'affection; après quoi, elle se retira dans sa chambre pour penser à ce qui venait de lui être dit.

XII.

Le mariage dont il était question pour mademoiselle de Chabourot n'était point un mariage de convenance dans l'acception la plus ordinaire et la plus étendue de ce mot. Il est bien vrai de dire que les avantages sociaux dont M. de Freneuse se présentait entouré, avaient été une raison déterminante pour qu'il fût accueilli avec empressement ; mais un mérite intrinsèque, et justifiant assez bien les éloges que nous venons d'entendre faire de sa personne, le rendait un parti véritablement fort désirable, et qu'une jeune fille devait accepter avec un sentiment tout autre que celui de la résignation.

Aussi, quelles que fussent les secrètes répugnances déposées dans le cœur de Thérèse par certains faits antérieurs, qui, déjà indiqués, seront plus complètement expliqués, elle fut la première à comprendre qu'elle se ferait une position difficile, et extérieurement au moins, très peu digne d'intérêt, en refusant de donner les mains aux arrangements déjà pris, quoique sans sa participation. Le lendemain donc, quand il s'agit avec M. de Freneuse de cette sotte et ridicule formalité, néanmoins nécessaire, qu'on appelle la *première entrevue*, madame de Chabourot trouva sa fille à peu de chose près, dans la disposition où elle désirait la voir, l'air de languissante tristesse épandu sur toute sa personne, pouvant passer pour cette réserve de bon goût qu'apporte toujours une fille bien élevée dan les rencontres pareilles à celle qui se préparait.

Suivant sa menace ou sa promesse, comme on voudra l'appeler, madame de Janvry arriva sur les deux heures à l'hôtel Chabourot, accompagnée de M. de Freneuse. Nous ferons grâce à nos lecteurs des propos quasiment stéréotypés qui furent tenus lors de cette sorte d'échanges de ratifications matrimoniales. Une chose pourtant digne de remarque fut une parole de M. de Freneuse qui, après avoir été assuré par Thérèse même, d'un timide consentement, la pria néanmoins de prendre tout le temps qu'elle voudrait, pour se confirmer dans sa détermination ou pour s'en dédire dans le cas où les soins qu'il était admis à lui rendre ne lui seraient pas agréables. Peut-être de la part d'un soupirant posé pour voir en tous lieux ses empressements bien accueillis, y avait-il dans cette humble attitude un fonds de fatuité assez transparente. Nous n'en croyons rien cependant : celui qui parlait ainsi était un homme joignant à un certain sérieux dans le caractère une âme aimante et délicate, très capable de comprendre la différence pour un cœur qui se donne, entre vouloir et consentir ; et c'est, ce semble, de très bonne foi qu'il faisait à sa fiancée crédit d'elle-même, jusqu'au moment où un autre sentiment que celui de l'obéissance filiale la déciderait à l'accepter pour mari. C'est, du reste, en ce sens que son intention fut interprêtée par mademoiselle de Chabourot, qui lui sut un gré infini de cette discrète patience; quant à madame de Janvry, qui était une petite femme fort pétulante, ayant pris démesurément feu sur ce mariage, elle ne faisait nul état de tout ce délai qui lui paraissait le plus ridicule du du monde, et elle affectait, au contraire, de n'appeler Thérèse que sa nièce, comme si la bénédiction nuptiale eût été déjà donnée aux époux. Aussi ne mettait-elle point de terme à sa visite, quoique déjà elle eût dit à deux ou trois reprises qu'elle était attendue à une assemblée de charité, lorsqu'un accident, très peu notable en apparence, la décida enfin à lever la séance et à se retirer.

Un domestique entra et parla bas à l'oreille de madame de Chabourot.

— Il fallait dire que je suis en affaires, répondit-elle tout haut.

— C'est ce que j'ai fait, Madame, repartit le domestique; mais il dit avoir absolument à vous parler.

— Mais quel homme est-ce ! fit la baronne avec impatience, est-ce quelqu'un du monde ou bien un fournisseur qui apporte sa note, vous me dérangeriez pour un marchand de cirage, s'il en venait un ici pour m'offrir ses services.

— Il n'a pas l'air distingué, reprit le domestique, mais il est assez bien couvert.

— Allez lui demander son nom et ce qu'il me veut, fit madame de Chabourot pour conclure.

Cependant madame de Janvry s'était levée et avait pris congé; elle sortit avec M. de Freneuse, M. de Chabourot les reconduisant.

Dans l'intervalle, le domestique rentra et vint dire à sa maîtresse que le monsieur en question ne voulait point dire le but de sa visite et qu'il s'appelait Cousinot.

— Cousinot, reprit la baronne avec une accentuation dédaigneuse qui faisait admirablement ressortir l'allure roturière de ce nom, je ne connais pas M. Cousinot. C'est quelque mendiant ou quelque aventurier, comme il nous en vient sans cesse, ajouta-t-elle de manière à être entendue de l'aide-major qui s'était approché de la porte de l'appartement laissée entr'ouverte par le domestique. — S'il a quelque chose à me dire qu'il l'écrive. Et en même temps elle passa dans sa chambre à coucher où l'on venait de l'avertir que sa couturière l'attendait.

XIII.

Le soir du même jour, madame de Chabourot fut dans le monde, et l'on remarqua qu'elle s'y montrait d'une gaîté charmante, la bonne tournure que prenait le mariage de sa fille lui mettant le contentement au cœur.

Comme elle rentrait, on lui remit une lettre exhalant une forte odeur de pipe, et qu'à la manière seule dont elle était pliée, on pouvait reconnaître pour ne point venir d'une personne au fait des habitudes de la vie élégante. L'ayant ouverte avec dégoût et du bout des doigts, elle y lut ce qui suit :

« Madame la baronne,

« C'est peut-être possible que je sois un aventurier ou un mendiant, mais vous, vous êtes une voleuse, je le prouverai quand vous le voudrez, pièces en mains, *pièces en mains*, entendez-vous, à vous et à votre mari.

« J'ai l'honneur d'être, *avec respect*, madame la baronne,

« Votre très humble et très obéissant serviteur,

J.-F. Cousinot.

Chirurgien aide-major d'infanterie,
rue Neuve-Saint-Etienne, Hôtel du Cantal.

Les termes de l'étrange épitre ci-dessus soulèvent trop rudement un coin du voile jeté jusqu'à présent sur la marche de notre récit pour que nous n'achevions pas de le déchirer, et que nous marchandions à nos lecteurs le reste du secret qui trop longtemps peut-être a mis à une dure épreuve leur curiosité.

Si l'on a bien voulu prêter quelque attention aux faits précédemment accomplis, on se rappellera que, lors du décès de Leduc, madame Bouvard avoua à madame de Chabourot qu'elle avait quitté pendant *cinq bonnes minutes* le malade. Or, dans de certaines occasions solennelles, c'est un siècle que *cinq bonnes* minutes ; on peut, du reste, juger de la valeur de cette remarque par ce qui se passa entre Cousinot et le moribond, durant la courte absence que fit la maîtresse de pension.

Aussitôt qu'ils furent seuls : — Ce prêtre viendra trop tard, se dit avec angoisse le vieux domestique, voulez-vous me rendre un service, monsieur le docteur ?

— Assurément, reprit Cousinot.

— C'est un dépôt que je veux faire entre vos mains, pour l'adresser à quelqu'un.

— Je m'en chargerai volontiers.

— Tirez, je vous prie, la commode qui est là en face de mon lit.

Cousinot tira la commode.

— Voyez, continua Leduc d'une voix brève et entrecoupée, le carreau sur lequel pose le pied de derrière, à droite, vers le mur; trouvez-vous ?

— Oui, fit l'aide-major un carreau descellé ?

— Levez le carreau.

La chose fut facile à Cousinot, la brique

présentant assez de relief pour offrir de la prise.

— Voyez-vous dessous un paquet cacheté?

— Le voilà, dit Cousinot, mettant entre les mains du vieillard une enveloppe qui paraissait renfermer plusieurs papiers.

— Voulez vous replacer la commode et le carreau, que madame Bouvard ne voie rien?

Cousinot remit en place le carreau et la commode.

— Vous lisez bien l'adresse?

— Très bien. *Monsieur Charles Villeneuve, soldat au 2e régiment d'infanterie de marine, à la Martinique.*

— Eh bien! dit le moribond en faisant les derniers efforts pour continuer, vous vous chargez de remettre?..... il ne put achever, une convulsion le prit et il expira.

Fidèle exécuteur du mandat qu'il avait accepté, Cousinot ne parla de rien à madame

Bouvard et s'occupa immédiatement de faire parvenir au destinataire le paquet qu'il avait reçu. Mais, ne voulant adresser que par une voie sûre des papiers qu'il devait supposer d'une grande importance, vu l'étrangeté des circonstances dans lesquelles il lui avait été remis, il se rendit au ministère de la marine pour aviser au moyen d'envoi le plus convenable.

Là on lui apprit qu'il pouvait s'ôter le souci de sa mission. Le nommé Villeneuve était mort plusieurs mois avant de la fièvre jaune ; un extrait mortuaire arrivé de la colonie seulement depuis quelques jours, constatait ce décès, dont Leduc n'avait point été avisé.

Cousinot avait alors demandé si l'on connaissait au défunt des parents? Aucuns, lui avait-on répondu ; son extrait mortuaire, comme son engagement militaire, portait *né de père et mère inconnus.* Cousinot se trouvant de fait héritier du dépôt qu'il avait reçu, n'avait vu aucun inconvénient à ouvrir le paquet; loin de là, sa curiosité avait arrangé qu'il y trouverait peut-être l'indication de gens que son contenu pourrait intéresser et auxquels il les remettrait.

Sous l'enveloppe étaient recélés :

1° Un testament écrit en entier de la main d'un sieur Du Crouy, propriétaire à Bourbon-l'Archambault; ledit testament daté du mois de juin 1817.

2° Une lettre d'une écriture de femme.

3° Un volumineux factum de Leduc.

De ce factum de Leduc et des autres pièces soigneusement étudiées résultait l'ensemble de faits suivant :

En juin 1817, le sieur Du Crouy était décédé, laissant une fortune assez considérable; il avait fait son testament au profit du jeune Charles Villeneuve, son fils naturel, mais qu'il avait eu soin de ne pas reconnaître, parce qu'un enfant naturel dont on connaît le père ne peut recevoir de celui-ci, même par testament, qu'une part proportionnelle de sa fortune; au contraire, l'enfant naturel non reconnu est légalement un étranger en faveur duquel l'anonyme auteur de ses jours peut disposer en toute liberté.

Le sieur Ducrouy avait une sœur qui avait épousé M. de Chabourot. Sachant depuis longtemps qu'elle devait être déshéritée au profit de Charles Villeneuve, elle avait circonvenu Leduc, domestique de son frère, qui, à son instigation, aussitôt après la mort de son maître, avait dérobé le testament.

Toutefois, ce n'était pas sans stipuler quelques conditions en faveur de celui que l'on dépouillait, que Leduc avait consenti à pratiquer cette spoliation.

Il avait été convenu que madame de Chabourot se chargerait de l'éducation du jeune Charles et que plus tard elle lui ferait épouser sa fille, ce qui serait une manière indirecte de restitution.

Les premiers engagements avaient été tenus. Madame de Chabourot avait placé Charles Villeneuve dans un collège, disant à qui voulait l'entendre qu'elle n'ignorait pas que ce pauvre petit était né de son frère, et qu'elle devait à la mémoire de celui-ci de ne pas abandonner son fils. On comprend le succès qu'avaient obtenus dans le monde ces louables sentiments et cette officieuse charité.

Mais le temps du collège ne dura pas toujours; à dix-huit ans, le jeune Charles, qu'on y avait tenu aussi tard que possible, avait dû en sortir, et Leduc, qui exerçait dans la maison Chabourot, où il était devenu une manière d'intendant, l'influence que l'on peut bien supposer, avait exigé en vue de son projet favori de mariage, que le jeune *Antony* fût installé en qualité de secrétaire auprès du baron.

On ne sache pas qu'entre deux jeunes gens le *cousinage* naturel soit moins que le cousinage légitime, une disposition à s'éprendre d'amour. Aussi Thérèse de Chabourot et Charles Villeneuve, le bon Leduc d'ailleurs les encourageant sous main, n'avaient pas tardé à se sentir entraînés l'un vers l'autre, la plus irréprochable pureté présidant d'ailleurs à cet entraînement.

Au fond, madame de Chabourot n'avait jamais pensé sérieusement à unir ces enfants, non seulement elle n'aurait pu tolérer de donner sa fille à un bâtard, mais elle rêvait pour *cette chère enfant,* comme elle disait, les établissements les plus grandioses; l'indemnité des émigrés qui était venue doubler sa fortune lui permettant, en effet, de porter haut ses prétentions.

La présence de Charles Villeneuve dans sa maison pouvant compromettre ses projets, la baronne avait profité d'une absence de Leduc son protecteur, pour en finir violemment avec ce jeune homme : faisant semblant de s'apercevoir tout à coup de l'attachement qu'il portait à sa fille, un beau jour elle avait parlé de projets insensés, d'hospitalité violée, de bienfaits indignement méconnus, et avait exigé que son mari bannit l'audacieux jeune homme de sa présence.

A son retour, Leduc s'était montré horriblement blessé de cette exécution ; il tenait plus qu'on ne peut dire à son projet de mariage, l'espérance de cette réparation lui ayant servi jusque là à imposer silence aux reproches de sa conscience. Comme il avait jugé prudent de ne pas détruire le testament supprimé, et de ne pas s'en dessaisir, non plus que d'une lettre de madame Chabourot, qui établissait la complicité de celle-ci dans le crime, il restait, malgré l'humilité de sa condition, un personnage fort à ménager et il aurait ramené en triomphe dans la maison le jeune Charles, si le bouillant jeune homme, dans son désespoir, n'avait pris avant son retour le parti de s'engager dans un régiment prêt à partir pour les colonies où nous avons vu plus tard sa triste fin.

C'est à la suite du coup d'état osé par madame de Chabourot que Leduc s'était retiré chez madame Bouvard. Il avait d'abord parlé de se remettre, lui et ses preuves, entre les mains de la justice, mais naturellement il avait hésité, et à cause de lui-même et à cause de mademoiselle de Chabourot, qu'il regardait toujours comme la fiancée de Charles et dont il ne voulait pas compromettre le nom. Toutefois, pour bien marquer la violence de son ressentiment, il avait quitté la maison de ses nobles compilces; et, bourrelé de plus en plus par ses remords, s'était jeté dans la haute dévotion.

Cette retraite avait prodigieusement inquiété la baronne; elle craignait toujours que quelque influence étrangère ne vînt s'établir à son préjudice auprès du rancuneux vieillard; elle craignait aussi qu'une mort subite, dont il semblait qu'elle avait le pressentiment, ne mît brusquement en lumière les preuves du crime commis à son profit, Leduc, comme elle le savait, portant toujours ces preuves avec lui, de peur qu'on ne les lui dérobât. De là ces visites et ces soins si réguliers qu'elle lui rendait, et auxquels elle exigeait que son mari s'associât de loin en loin; de là cette sollicitude à être informée des moindres indispositions du vieux pensionnaire; toutes choses dont à juste raison madame Bouvard avait été si profondément intriguée.

Après des *parlementages* infinis (c'était en ces sortes d'occasions que Leduc s'exaspérait contre la baronne, au point que nous avons dit), il s'était bien aperçu que la résolution de la chère dame était inébranlable, et que jamais elle ne céderait sur le mariage de Charles avec sa fille ; lui aussi alors avait pris son parti ; il s'était décidé à tout révéler au soldat de marine ; et, ne ménageant plus rien, il se disposait à lui faire passer à la Martinique le paquet dont fut chargé Cousinot, quand la mort le surprit dans ce projet.

On a vu l'ardeur de la baronne à venir s'emparer du sachet dans lequel, à sa connaissance, Leduc serrait les précieux papiers par lesquels il la dominait ; le vieux renard avait même soin parfois, tant ils jouaient serré entre eux, de lui laisser entrevoir ce sachet afin qu'elle ne pût prendre aucun soupçon de l'autre cachette.

Mais ce qu'on n'a pas vu, c'est le désespoir de la pauvre femme, lorsqu'après avoir si subtilement dérobé l'objet de son ardente convoitise, elle n'avait trouvé pour tout contenu, qu'une feuille de papier blanc.

Elle avait aussitôt dépêché son mari pour qu'il se fît ouvrir d'autorité les meubles et armoires par madame Bouvard et y cherchât les pièces égarées qu'ils avaient tant à cœur de recouvrer.—Quelle faute, s'était-elle écriée, d'avoir moi-même ôté les clés, mais pouvais-je faire autrement, devais-je prévoir que ce vieux misérable... N'importe, monsieur de Chabourot, allez-y, vous imposerez plus que moi à cette hôtesse; le moment est décisif, brusquez tout, faites enfoncer les portes au besoin, il faut de toute nécessité retrouver ces papiers.

Assez accoutumé à obéir à sa femme dont on a vu le caractère entier et la souveraine résolution, M. de Chabourot était parti, mais les instructions de la baronne n'allaient pas jusqu'à commettre un bris de scellé. S'étant heurté à cet obstacle, le baron s'était immédiatement rendu chez le juge de paix pour lui dire qu'en un coin de l'appartement de Leduc, devaient se trouver des pièces à lui appartenant, dont il demandait, aussitôt la levée des scellés, qu'on lui fît la restitution. Le magistrat l'avait d'abord calmé sur ce point; mais autre raison de se tranquilliser, il lui affirma avoir fait, selon la prescription de la loi, la *recherche du testament* dans la chambre mortuaire, et n'avoir trouvé aucune espèce de papiers pouvant avoir quelque importance.

Cette affirmation n'était cependant rassurante que relativement, Leduc ayant fort bien pu faire son dépôt chez un notaire, pour ce dépôt être ouvert après son décès.

Rien de pareil ne s'étant produit, au bout de quelques jours, les époux Chabourot avaient cessé d'avoir souci de ce côté, mais ils se figurèrent alors qu'envoi avait pu être fait à Charles Villeneuve, de ce qu'ils avaient tant à cœur qu'il ignorât. Toutefois cette crainte avait été bien diminuée par la nouvelle de la mort de ce jeune homme, parvenue, comme nous l'avons vu, à Paris très peu de temps après le décès de Leduc. Pour leur compte, les Chabourot avaient été instruits de la fin de Charles au moyen d'une lettre adressée par celui-ci à Thérèse, de son lit de mort. Cette lettre, soit dit en passant, avait été interceptée par madame de Chabourot, qui avait décidément la manie des *suppressions,* et sa fille n'avait su que le fait brut sans le tendre et douloureux commentaire dont il arrivait accompagné pour elle.

Par tout ce que dessus, on voit que le baron et la baronne de Chabourot étaient loin d'avoir conquis une parfaite sécurité, et cette torture du doute leur constituait déjà un assez cruel châtiment du crime qu'ils avaient commis de complicité avec Leduc, la femme le conseillant et le mari, qui était un homme sans volonté, laissant faire et ne s'opposant pas.

La vie, au reste, étant pleine de ces positions sans issue dans lesquelles on s'acclimate insensiblement, de même que l'on se résigne à vivre avec une maladie chronique, ces pauvres gens s'étaient blasés au bout de quelques semaines sur le plus aigu de leurs sollicitudes, et ils avaient remis à trois mois, délai légal pour la levée du scellé de Leduc, le souci des découvertes que cette formalité pourrait amener.

Mais sur ces entrefaites, M. de Freneuse s'étant offert à eux pour gendre, admirable en toutes choses de délicatesse, madame de Chabourot n'en avait eu que plus d'ardeur et d'empressement à conclure rapidement avec lui, de manière à ce que sa fille fût bien et irrévocablement établie, avant que la possibilité de quelque fâcheuse révélation ne vînt rendre son alliance moins désirable.

Toutes ces choses dites et connues, le passé nous paraît être apuré d'une manière satisfaisante, et nous ne laissons rien derrière nous que nous sachions qui ait besoin d'être plus complètement éclairci. Nous allons donc reprendre tranquillement le cours de notre narration, et en revenir à la lettre ferme mais *respectueuse* de notre intéressant ami Cousinot.

XIV.

Il est de remarque que pour les malheurs les plus redoutés et les plus prévus, il y a encore une certaine manière de se produire et un certain air de se présenter, par lesquels ils nous surprennent. Vingt fois depuis le jour où, grevant sa vie de la méchante action qui devait s'expier pour elle par tant de sollicitudes, madame de Chabourot s'était trouvée dans le cas d'y entrevoir des conséquences funestes, son imagination avait prêté à ces terreurs une forme arrêtée sous laquelle elles lui apparaissaient. Eh bien! ce n'était aucune des prévisions par elle, en quelque sorte, cataloguées d'avance, qui venaient aujourd'hui à se réaliser. Une phase nouvelle, inattendue, hors de logique avec tout ce qui avait précédé, changeait brusquement la physionomie de la situation. Dès longtemps, elle croyait avoir fait le calcul exact de toutes les mauvaises chances qui pouvaient la menacer, et pourtant, pour parler comme La Fontaine, elle avait compté sans cet *autour aux serres cruelles* qui venait s'abattre dans sa vie, sans l'aide-major Cousinot.

Il n'y avait pas d'ailleurs à se le dissimuler;

elle avait tout à perdre à la révolution qui venait de s'opérer dans l'économie de cette cruelle affaire. Sans doute, ç'avait été une rude servitude que celle sous laquelle elle avait vécu au temps de Leduc; mais maintenant au vieux dominateur, dont elle savait du moins les habitudes et le *faire*, se substituait l'annonce d'un tourmenteur tout frais, la menace d'une tyrannie à neuf, et qui probablement fonctionnerait avec l'énergique rigueur de toute jeune création ; triste amendement sans doute, et dont il y avait bien pour elle à s'épouvanter.

En lisant cette lettre si brutale en sa forme, si menaçante pour le fonds, madame de Chabourot eut encore une autre souffrance, à savoir celle de craindre dans l'inconnu. Comment cet homme, que sa position sociale semblait placer si loin de la sphère où elle vivait, se trouvait-il tout d'un coup avoir obtenu, comme disent les avocats, une vue droite sur la portion la plus secrète de son existence? Comment avait-il su? Que savait-il, et jusqu'à quel point? Voilà ce que se demandait, avec une inquiète curiosité, la baronne, et il y avait à ignorer toutes ces choses un grand inconvénient, celui de ne savoir quel parti prendre et le jeu que l'on jouerait.

Quoique n'ayant pas dans les lumières et dans la décision de son mari une grande confiance, et bien qu'elle n'attendît pas un secours bien efficace des moyens de salut qu'il pourrait conseiller, madame de Chabourot eut hâte cependant de lui communiquer l'affreuse épître qu'elle venait de recevoir. Parler, que bien que mal, d'un grand embarras qui vous arrive, c'est le premier instinct. Il y a de certaines situations déplorables sur lesquelles on éprouve le besoin de consulter à tout prix, fut-ce même avec son palefrenier.

Entrant chez M. de Chabourot pâle et agitée, la baronne lui présenta la lettre : — Voilà, dit-elle en se jetant sur un siège, ce que je reçois.

Le baron, qui n'était point présent à la scène du matin, se fit expliquer ce que signifiaient ces mots : *C'est possible que je sois un mendiant ou un aventurier.* Puis, faisant preuve d'une pénétration sans doute bien remarquable : — C'est sans doute, dit-il, un homme entre les mains duquel seront tombés les papiers après lesquels nous courons.

Du reste, M. de Chabourot se serait posé comme un homme d'un esprit au dessus du commun, si, en cette pressante rencontre, il avait d'abord, et avant toute chose, pensé à la nécessité d'aviser. Comme il n'avait jamais donné que passivement les mains à la coupable entreprise de sa femme, son rôle d'esprit assez borné et vulgaire était de commencer par triompher du malheur qui survenait, sauf à savoir ensuite comment on y pourvoierait. Reprenant l'affaire dès le principe, il crut utile de constater qu'il s'était toujours opposé, qu'il avait mal auguré toujours. Puis de là, passant aux reproches de détail : — Ayant fait la faute, ajoutait-il, elle était réparable encore par le mariage des deux jeunes gens tel qu'il avait été promis à Leduc. Certes, je tiens autant qu'un autre à l'honneur de mon nom, et n'ai pas plus de goût que qui que ce *saye* pour les mésalliances ; mais il fallait faire taire votre amour-propre, et que Charles épousât Thérèse. Est-ce qu'on doit se soucier de la farine, finit-il par dire en s'animant jusqu'à la métaphore, quand une fois on s'est roulé dans le pétrin ?

L'aspect rétrospectif de la question ainsi

épuisé, et étant bien constaté que M. de Chabourot avait vu parfaitement juste dans le passé, la baronne demanda la clôture sur les faits accomplis et désira que l'on parlât de ce que l'on ferait.

— C'est affreusement difficile, répondait M. de Chabourot. Que voulez-vous faire contre un homme qui vous dit : Vous êtes une voleuse! j'ai les pièces en main, et je vous le prouverai.

— D'abord, reprit la baronne, mise aussitôt hors d'elle-même par cette inspiration, en effet, assez malheureuse de citer textuellement la prose élégante de Cousinot, on pourrait prendre une grosse caisse et deux ou trois trompettes, avec lesquelles on irait crier par la ville : Ma femme est une voleuse, on va avoir l'honneur de vous le prouver !

— Mais enfin, Madame, répondait le baron, cet homme est sans doute un mal élevé et un brutal; mais sa position est très forte, s'il a les pièces en main.

— Mais s'il ne les a pas? repartit vivement madame de Chabourot.

— S'il ne les a pas, s'il ne les a pas, c'est bientôt dit, moi, je crois qu'il les a.

— Et pourquoi le croyez-vous?

— Parce que c'est infiniment croyable et qu'il les a certainement.

— Mettons qu'il les ait, dit alors madame de Chabourot pour faire enfin avancer la discussion hors de l'ornière où elle était embourbée entre une affirmation et une négation, toutes deux dépourvues de preuves; dans ce cas, que conseillez-vous?

— Ma foi, repartit le baron, je conseille d'agir avec une très grande prudence; parce qu'après avoir fait une faute comme celle de se mettre dans une si affreuse position, il ne faut pas l'aggraver par des fautes nouvelles.

On voit que M. de Chabourot avait une tendance à toujours retourner sur le terrain du rétrospectif, et que son imagination tenait, pour le brillant, de celle de M. de la Palisse.

Du reste, quand madame de Chabourot délibérait avec lui sur quelque chose, elle n'avait guère qu'un but, qui était moins de prendre son avis que de parler devant quelqu'un, parce qu'on donne ainsi à ses idées plus de jet et plus de nerf en les pensant tout haut. N'insistant donc pas davantage pour accoucher son mari d'un expédient, elle se résolut par sa propre inspiration à ce qu'il y avait à faire, et lui dit :

— Dès demain matin, il vous faut aller chez cet homme....

— Vous pensez que nous devons aller à lui? demanda le baron.

— Aimez-vous mieux attendre qu'il se soit porté à quelque extrémité?

— Je ne dis pas cela, mais on pourrait lui écrire.

— Écrire! repartit vivement la baronne, il n'a déjà été que trop écrit dans cette affaire; vous irez donc demain matin, parce qu'il est de la dernière urgence que nous le voyions.

— C'est pour cela, interrompit le baron, ayant encore une vue sur le passé, que, l'ayant là dans votre antichambre, vous l'avez éconduit en l'injuriant.

— Quel esprit étrange vous faites! s'écria la baronne; jamais à ce que l'on dit! et toujours à côté de l'heure et de la question.

— Enfin, l'avez-vous ou non éconduit? fit,

en insistant, M. de Chabourot, qui, dans la discussion, ne cédait jamais un pouce de terrain à sa femme, tandis que dans la vie *agie* il lui cédait tout.

— Oui, là, je l'ai éconduit, répéta madame de Chabourot avec ce sang-froid ému d'une personne qui résiste à s'emporter ; mais c'est justement pour cela que j'ai une hâte extrême de me mettre en rapport avec lui, afin de détruire la mauvaise disposition qu'a pu lui créer ce malencontreux accueil. Vous comprenez que je ne puis aller lui faire moi-même visite dans un hôtel garni, il faut donc que vous vous chargiez du soin de me l'amener.

— C'est ce qui sera facile, répondit le baron ; mais la difficulté est de savoir comment, pour le reste, nous nous en tirerons.

— Ah! pour le reste, dit vivement madame de Chabourot, je vous supplie de me le laisser faire. N'engagez rien, ne niez rien, n'avouez rien : vous savez que je m'entends mieux que vous aux choses de diplomatie.

— A ce compte, fit le baron, amené par ce mot à donner fort intempestivement audience à une idée qui, depuis longtemps, était une de ses ardentes préoccupations, si le ministre me tient sa promesse de me nommer chargé d'affaires quelque part, ce sera vous qui ferez la place ?

— Ah ! mon Dieu ! répliqua madame de Chabourot, ne comprenant pas que, dans la situation où ils se trouvaient, on pût prêter attention à un autre intérêt, que venez-vous nous parler de votre éternelle ambition d'affaires étrangères ?

— Plût au ciel, reprit aigrement le baron, que la vôtre, dans nos affaires intérieures, eût été aussi innocente; nous n'en serions pas où nous en sommes. Enfin, j'irai chez ce monsieur, ajouta-t-il d'un ton résigné, mais qui, en même temps, indiquait l'intention de mettre un terme à la conversation.

Madame de Chabourot, qui ne voulait de lui que cette démarche, ne jugea pas non plus utile de prolonger davantage l'entretien, et ils se séparèrent d'un très grand froid, car ceci est la règle : lorsque, dans une famille, une situation perplexe semble conseiller plus que jamais la bonne intelligence, on perd le temps à se quereller, à récriminer, à se piquer de paroles, au lieu de s'unir sous le danger.

XV.

Le lendemain, dans la matinée, M. de Chabourot se rendit avec son cabriolet jusqu'aux abords de cette rue Neuve-Saint-Étienne, dont il semblait que devaient leur venir tous leurs embarras. S'étant fait descendre à l'entrée de la rue Copeau, malgré une neige abondante qui n'avait cessé de tomber depuis la nuit précédente, il se rendit à pied à l'adresse indiquée par Cousinot, à *l'hôtel du Cantal*, qu'il n'eut pas de peine à trouver. Mais, quoiqu'il fût à peine neuf heures, l'aide-major, appelé par son service, était déjà hors de chez lui, et, selon la donnée de ses habitudes, il était peu probable qu'il dût bientôt rentrer. Ayant alors demandé s'il trouverait son homme à la caserne, le baron fut assez encouragé par les gens de l'hôtel à pousser jusque-là. Il se rendit donc à la rue de l'Oursine; comme il arrivait au quartier, Cousinot en sortait. Toutefois on lui indiqua un estaminet de la rue de la Montagne-Sainte-Geneviève, où l'aide-major avait coutume d'aller faire un tour chaque matin après son déjeuner. Va donc pour l'estaminet.

L'aspect du lieu n'était nullement propre

à consoler le pauvre M. de Chabourot des mécomptes dont se compliquait à plaisir une démarche déjà en elle-même assez désagréable. Dans une salle mal éclairée, dont un billard, huileux et râpé, occupait presque toute la superficie, au milieu d'un nuage de fumée, produit par l'incessante combustion de sept ou huit cratères chargés de *caporal*, se dessinaient quelques figures plus ou moins patibulaires d'habitués, qui prêtèrent à l'entrée du baron une attention d'autant plus embarrassante, que de lui-même déjà il se sentait passablement déplacé dans cette compagnie. Un travers particulier à ces sortes de réunions, c'est de soupçonner dans tout homme qui y apporte une mise et des manières un peu plus élégantes que de rigueur, un agent de la police venu là pour fonctionner. Si donc, dès son entrée, M. de Chabourot ne se fût pas, à son insu, ménagé une protection en demandant à parler à M. Cousinot, qui jouissait dans la localité d'une grande considération, il aurait bien pu, durant le temps qu'il mit à attendre l'aide-major, être exposé à quelque avanie. Du reste, sa patience ne fut pas mise à une longue épreuve, et, ainsi qu'on le lui avait fait espérer, Cousinot ne tarda pas à arriver. En entrant, suivant son usage, le galant chirurgien se disposait à adresser quelques douceurs à la dame du comptoir; mais, averti par elle qu'un *monsieur était là pour lui*, il ajourna ses hommages à un autre moment, et alla se faire reconnaître par le baron qui, de son côté, lui déclina son nom.

M. de Chabourot n'avait naturellement pas compté que leur entrevue aurait lieu sur place, et il s'attendait que l'aide-major le mènerait chez lui; mais Cousinot s'excusa en disant qu'ils ne trouveraient pas de feu allumé, et que probablement sa chambre serait encore dans un désordre peu présentable. « Si vous voulez, ajouta-t-il, il y a là un cabinet particulier où nous pourrons causer très à l'aise et où personne ne viendra nous déranger. » Quelque étrange que fût pour un homme du rang et des habitudes de M. de Chabourot le choix de cette salle de conférence, en ce moment, il était trop l'humble serviteur de l'aide-major pous ne pas trouver bonnes toutes ses dispositions.

Avant toute conversation, Cousinot demanda à son hôte *s'il ne prendrait pas bien quelque chose;* M. de Chabourot s'en étant défendu, il se fit servir pour lui seul; puis, la pipe aux dents et les deux coudes appuyés sur la table, il commença l'entretien ainsi qu'il suit :

— Par la peine que vous avez prise, mon cher Monsieur, de venir me trouver, je suppose que Madame vous a communiqué une lettre que je lui ai adressée hier.

— En effet, repartit M. de Chabourot.

— Elle était un peu vive, je crois bien, la dite lettre ; mais je l'ai écrite ici, au bruit, en sortant de chez vous, où l'on m'avait fait un drôle d'accueil ; tout ça est cause peut-être que je n'ai pas parfaitement mesuré mes termes.

— La forme, répondit le baron, importe assez peu, quoiqu'on doive toujours y regarder quand on parle à une femme, mais l'important de votre lettre, c'est le fonds.

— Oh ! pour le fonds, dit Cousinot, je n'ai rien à en rétracter, il est positif que j'ai toutes les preuves.

— Les preuves de quoi ? demanda M. de Chabourot, voulant jouer au fin.

L'aide-major ne le laissa pas longtemps

en doute de la portée de ses renseignements.

— Les preuves, répondit-il, d'une combinaison assez adroite de madame votre femme pour l'empêcher d'être déshéritée par son frère, un testament soufflé, un soldat de marine mort à la Martinique, son mariage avec mademoiselle Thérèse, votre fille, manqué net par l'obstination de madame de Chabourot, qui ne devait pas promettre ce qu'elle ne voulait pas tenir, Leduc se retirant sous sa tente, comme feu Achille; vous voyez que je suis instruit.

— Et vous avez, dites-vous, les preuves de toute cette intrigue romanesque?

— Ah! dam, fit alors Cousinot, si nous faisons de la malice, nous allons dire un tas de paroles inutiles. Voulez-vous savoir la chose? C'est moi qui ai soigné Leduc à son lit de mort, et il m'a découvert tout le pot aux roses avant d'expirer.

— Mais cette version contrarie tous les renseignements qui nous sont parvenus sur les derniers moments de cet homme, repartit M. de Chabourot.

Pour mettre un terme à tout débat sur la valeur de ses informations et sur sa possession très positive des titres qui leur servaient de pièces justificatives, l'aide-major se mit à raconter dans le plus grand détail la scène des confidences du vieux domestique, la commission dont le mourant l'avait chargé, la certitude acquise par lui Cousinot de la mort de Charles Villeneuve, et enfin l'ouverture des archives du crime remises à ses soins; après des explications à ce point circonstanciées, il n'y avait plus à douter, en effet, pour M. de Chabourot, qu'un danger très sérieux ne menaçât lui et sa famille;

aussi n'eut-il pas le courage de s'en tenir rigoureusement aux instructions de sa femme qui allaient uniquement à demander une entrevue à Cousinot. Cédant à une curiosité dont on comprendra facilement l'impatience, et tout en entourant cette question de précautions convenables, il demanda à Cousinot sur quel pied il comptait traiter du secret tombé entre ses mains.

— Notre position, reprit alors Cousinot, est singulière, elle est difficile des deux côtés ; j'y ai beaucoup réfléchi depuis une quinzaine, et je crois vraiment qu'il n'y a qu'une manière convenable d'en sortir.

— Je le crois comme vous, répondit le baron ; et, pour peu que vos prétentions soient raisonnables, comme de notre côté nous n'avons pas l'intention de lésiner, l'affaire sera bientôt arrangée.

— Comment dites-vous, demanda l'aide-major, vous parlez de lésiner ?

— Au contraire, repartit M. de Chabourot, je dis que notre intention est de traiter rondement et de ne pas lésiner.

— J'entends bien, fit l'officier de santé; vous voulez m'offrir une somme; mais il n'y a qu'une difficulté, c'est que je ne veux pas entendre parler d'argent.

— Diable! se dit à lui-même le baron, se rappelant une gravure célèbre et la profession de son interlocuteur, est-ce que notre bonne étoile nous aurait fait tomber sur un *Hippocrate refusant les présents d'Artaxerce!* ce serait vraiment du bonheur.

Cousinot reprit :

— Vous me regardez avec des yeux étonnés, vous disant sans doute : Quel étrange homme est-ce donc que celui-là ! Je suis tout bonnement un homme qui se respecte et qui ne veut pas faire le rôle d'un forçat libéré venant rançonner une famille après avoir dévalisé ses secrets.

Quoique le baron ne comprît pas bien encore quel pouvait être le procédé rémunératoire dont l'officier de santé prétendait que l'on usât avec lui, il ne vit pas cependant d'inconvénient à s'écrier sur parole :

— Voilà de louables sentiments, Monsieur, et qui consolent de bien des turpitudes dont le siècle est témoin.

— Non, fit Cousinot ; je le répète, dans la circonstance, il n'y a vraiment pour moi qu'une manière honorable d'en user.

— Mais encore ? demanda M. de Chabourot qui jusque-là ne savait rien de ce qu'il voulait savoir.

Cousinot, comme un homme qui se donne du temps pour répondre, savoura lentement le fond du verre de liqueur qu'il avait devant lui; puis, ayant horreur du vide ;

— Prenez donc quelque chose, dit-il de nouveau au baron; *du doux*, une cerise à l'eau de vie.

Rien n'est plus propre peut-être que cet ignoble détail, à faire comprendre la cruelle dépendance où était tombé le nom des Chabourot. Craignant de compromettre par la persistance de ses refus la bonne allure qu'avait gardée jusque-là l'entretien, le baron se résigna à accepter l'offre cordiale, mais horriblement mauvaise compagnie de l'aide-major, qui, frappant à coups redoublés sur le marbre de la table, eut bientôt fait apparaître le *garçon* de l'établissement.

— Cascaret, dit-il de manière à faire mourir de honte M. Chabourot si quelqu'un de son monde eût pu le surprendre dans cette bizarre situation, une cerise à monsieur et du kirsch pour moi ; mais du bon bocal les cerises, pas de celles d'il y a deux ans !

— Oh ! m'sieu, fit le garçon d'un air d'affectueux respect, ce n'est pas avec une personne de votre société qu'on se permettrait de ces choses-là.

Le garçon étant rentré un moment après, et la flétrissure de la cerise à l'eau de vie ayant achevé d'être infligée au malheureux Chabourot, l'aide-major reprit :

— Il n'y a pas à se le dissimuler, vous vous êtes mis dans une *fichue* position ; moi, de mon côté, je suis dans une mauvaise naturellement...

— Comment, demanda M. de Chabourot avec étonnement, est-ce que vous seriez embarqué dans quelque fausse démarche où notre crédit pût vous être utile?

— Non, je veux dire, repartit l'aide-major,

qu'avec mon état de chirurgien militaire, je végète et n'arrive à rien.

— Ah! sans doute, reprit le baron, on peut désirer quelque chose de mieux.

— Eh bien! me suis-je dit, voilà cette famille Chabourot qui s'est mal engagée, si on veut, mais qui n'en est pas moins très bien placée dans le monde...

— La vérité est, ne put s'empêcher de dire ici le baron, qu'avec notre fortune, notre nom, peut-être même l'illustration des emplois diplomatiques sur la voie desquels je me trouve en ce moment, mettant à part l'embarras dont j'espère que vous nous aiderez bientôt à sortir, nous sommes dans une excellente posture.

— Eh bien! reprit Cousinot, mon jeu est-il, me suis-je demandé, de tourmenter ces gens-là, de les violenter? non, mon jeu est de m'attacher à leur char, de nager dans leurs eaux et de devenir des leurs enfin.

— Très bien raisonné, dit le baron; voyez, que pouvons-nous faire pour vous?

— Rien pour le moment, il faut voir venir. Seulement, j'ai envie de donner ma démission, parce que, voyez-vous, le service me pue au nez.

— Dans le fait, dit M. de Chabourot, nous pourrions fort bien vous aider à pratiquer sur le pavé de Paris; tenez, ma femme est merveilleuse pour créer une réputation, il y a déjà à ma connaissance deux ou trois jeunes médecins auxquels elle a fait faire leur chemin.

— Non! fit négligemment Cousinot, la médecine est, sous toutes les formes, un état assez déplaisant, et j'ai pensé à une autre combinaison.

— Qui est?.... demanda M. de Chabourot.

— Qu'est-ce que je suis dans toute cette affaire? me suis-je demandé. L'héritier providentiel de Charles Villeneuve, ce jeune homme que M. de Chabourot avait chez lui en qualité de secrétaire. Eh bien! puisque sa place est vacante, pourquoi, en attendant mieux, ne la prendrais-je pas!

— Véritablement, repartit le baron, je n'oserais pas vous offrir cette position, qui était d'ailleurs auprès de moi une complète sinécure.

— Aimez-vous mieux, pour expliquer ma présence chez vous, faire comme dans beaucoup de maisons, avoir un médecin à l'année, m'avoir sur le pied de docteur? La question est que je sois des vôtres : ayant place au feu et à la chandelle, étant d'ailleurs nourri et logé, avec le moindre sou de poche pour appointements, je me trouverai parfaitement heureux, et j'attendrai patiemment le nouveau, qui ne peut naturellement pas manquer d'arriver bientôt dans ma vie. Eh bien, ça vous va-t-il comme ça, papa Chabourot ? finit par dire Cousinot un peu plus que familièrement.

Au fond, la combinaison n'était pas des plus séduisantes ; sous cette proposition, assez étrange de commensalité, pouvait facilement se cacher l'idée d'une palingénésie ou seconde édition de la position de Leduc, revue, corrigée et considérablement augmentée. Toutefois, le baron ne crut rien devoir témoigner de sa répugnance et parla seulement d'en référer à sa femme. A propos, dit-il, cette idée le ramenant au but principal de sa visite, madame de Chabourot veut vous voir, elle a à vous demander pardon de la bêtise du domestique qui lui a si mal expliqué qui vous étiez : quand voulez-vous venir ?

— Mais quand vous voudrez vous-même.

— Maintenant. Cela vous arrange-t-il ?

— J'aimerais mieux ce soir, repartit Cousinot, j'ai affaire une partie de la journée au quartier, où le colonel, qui peut bien se flatter d'être le plus *embêtant* des hommes, vient faire je ne sais quelle inspection.

— A ce soir donc, dit le baron en se levant : quoiqu'ils eussent, ce semble encore, beaucoup de choses à se dire, Cousinot ne le retint pas. Il savait que tout ce qu'il aurait pu traiter avec cet honnête mari devait être indispensablement soumis à la ratification de madame de Chabourot, à laquelle nous l'avons vu d'abord s'adresser ; ne tenant donc pas à faire double emploi, il laissa aller ce plénipotentiaire sans pouvoirs, et après qu'il l'eut accompagné jusqu'à la porte de l'estaminet, ils se séparèrent en aussi bonne intelligence que le comportait la bizarre et nuageuse singularité de leur situation.

XVI.

Nos lecteurs sont là pour cautionner que, si M. de Chabourot n'avait montré dans l'entrevue dont il sortait, aucune habileté diplomatique, il n'avait non plus rien compromis. Il s'était contenté de reconnaître la position, et venait maintenant en rendre compte à sa femme, à laquelle il dit, dans les moindres détails, la manière d'être, la conversation, et enfin les prétentions de Cousinot.

Il n'en fut pas moins vertement tancé comme un homme qui aurait pratiqué bévue sur bévue.

— Vous ne faites jamais les choses comme on vous dit de les faire, s'écria madame de Chabourot; je vous avais chargé uniquement, exclusivement, de m'amener cet homme. Pas du tout, il a fallu que vous prissiez la peine d'entrer au cœur de la négociation. Vous lui avez fait ainsi la licence d'expliquer ses exigences, ce qui est déjà supposer qu'il ait le droit d'en avoir.

— Qui donc en aura, si ce n'est lui? demanda M. de Chabourot, impatienté.

— Et quelles exigences! continuait madame de Chabourot, poussant devant elle son idée ! Celle de s'installer sous notre toit, de devenir presque un membre de la famille, et d'y tenir réunis en sa personne les deux rôles si durs à notre passé de M. Leduc et de l'intéressant bâtard de mon frère.

— C'est pourtant comme cela, repartit le baron avec humeur, et nous verrons votre grande habileté à empêcher que la chose ne soit, s'il y persiste.

— Dieu merci, dit alors la baronne avec un air d'être sûre d'elle-même, ce monsieur n'en est pas où vous pensez; pendant que vous perdiez le temps, noblement attablé avec lui dans un estaminet, je faisais prendre sur lui, par le moyen de madame de Chervieux, qui voit beaucoup M. Franchet, des informations qui m'ont été immédiatement transmises ; c'est le fils d'un petit marchand d'Avignon, *pensant très mal* : c'est un homme criblé de dettes, qui passe sa vie dans les mauvais lieux où vous l'avez été trouver, publiquement entretenu d'ailleurs par cette madame Bouvard, l'hôtesse de Leduc, laquelle probablement est de complicité avec lui dans le vol des papiers dont il abuse.

— Du tout, repartit le baron, madame Bouvard ne sait rien, et la preuve c'est la peine qu'elle a prise de vous surveiller.

— Toujours est-il que c'est un homme mal posé qui fait de sottes conditions pour qu'on le paie plus cher, et dont on aura raison avec un peu plus ou moins d'argent. Quand viendra-t-il, au reste, ce beau monsieur? ajouta la baronne d'un ton dédaigneux.

— J'ai pris avec lui rendez-vous pour ce soir, répondit M. de Chabourot.

— Ce soir! s'écria la baronne avec angoisse, enfin il est dit que vous n'êtes pas même bon à arranger une heure convenable pour une entrevue d'affaires. J'ai justement à dîner madame de Janvry et M. de Freneuse, qui doivent passer avec nous la soirée ; aimable compagnie à leur procurer et qui leur donnera une haute idée de nos relations !

— Eh ! Madame, c'était à vous à ne pas disposer de vous, de tout aujourd'hui, sachant que vous aviez cette affaire sur les bras, que vous voulez traiter le plus tôt possible.

— Le mariage de votre fille n'est sans doute pas aussi une affaire et il faut la laisser traîner ! dit ironiquement la baronne, — voyons, il faut faire dire à ce monsieur que je ne puis pas le recevoir aujourd'hui et qu'il vienne demain matin.

— Mais, ma chère amie, fit le baron, cela sera d'un très mauvais effet après ce qui s'est passé déjà.

— Je le sais aussi bien que vous, répondit la baronne, mais il faut opter et je puis encore moins *décommander* madame de Janvry. Ainsi allez et écrivez.

Le baron, suivant sa coutume, courba sa volonté devant celle de sa femme et Cousinot fut prévenu qu'il ne serait pas reçu en audience particulière ce jour-là.

XVII

Quelques heures plus tard les deux familles qui allaient bientôt contracter alliance étaient installées autour d'une table somptueuse, dans la salle à manger de l'hôtel Chabourot, et même avec la puissance de la plus profonde pénétration, oncques n'eussiez deviné les soucis cruels qui serpentaient sous la couche extérieure de bien-être étendue à la surface de cette réunion. Merveilleuse à se posséder, madame de Chabourot avait su si bien éconduire les pensées qui pouvaient compromettre l'intérêt de l'heure présente, que vous l'eussiez prise pour la femme la plus heureuse et la moins préoccupée. Pour madame de Janvry, elle n'avait pas de joie à contrefaire, et c'était sans distraction qu'elle raffolat de sa future nièce, tout en lui faisant cependant la guerre de l'air un peu douloureux qu'elle aurait voulu lui voir perdre, disait-elle, au voisinage de M. de Freneuse, qui se montrait fort empressé à l'entourer de délicates attentions et de petits soins.

Quant à M. de Chabourot, comme d'ordinaire entre tous les convives, c'était lui qui pensait le moins, dans le moment, c'était lui qui paraissait songer le plus creux, parce qu'en général, les gens qui ont peu d'idées sont d'autant plus faciles à se laisser dominer par celle qui vient impérieusement les visiter. Sa silencieuse absorption fut même un moment si marquée que madame de Janvry ne put se tenir à la constater :

— Voyez donc, dit-elle à la baronne, comme M. de Chabourot est grave et soucieux ; je crois, en vérité, qu'il ne donne que contraint et forcé son consentement au bonheur d'Alfred.

— Vous vous trompez, ma chère, repartit madame de Chabourot ; mon mari est comme moi, enchanté d'avoir M. de Freneuse pour gendre ; mais je suis sûre qu'à l'heure qu'il est, il agite dans sa tête quelque grand intérêt européen ; vous savez qu'il tourne tout à fait à l'homme d'état, et la question des colonies espagnoles, depuis quelque temps, le ravit parfois dans des rêveries inimaginables (1).

— La vérité est, répondit le baron, entrant dans la raillerie de sa femme, que c'est une question intéressante, et à laquelle je pense beaucoup.

— Comment! si vous y pensez! repartit madame de Chabourot; il paraît même que vous en écrivez, car vous me parliez tantôt de la nécessité où vous seriez peut-être de prendre un secrétaire.

Le baron admira en lui-même l'audacieuse liberté d'esprit de sa femme, qui avait bien le cœur de côtoyer gaîment un sujet si plein de secrètes amertumes; néanmoins, il ne lui en voulut pas trop de cette impertinente allusion, pensant que peut-être elle pouvait servir à préparer l'introduction de

(1) Question à l'ordre du jour à l'époque où se passe cette histoire.

Cousinot dans sa maison, pour le cas où cette fantaisie ne pourrait être déclinée.

— Si M. de Chabourot a besoin d'un jeune homme, dit alors madame de Janvry, qui était d'un caractère à se mêler de toutes choses, et d'une disposition naturelle à tourner facilement, pour peu qu'on l'y eût poussée, au *cabinet matrimonial* et au *bureau de placement*, — j'ai sous la main un charmant sujet, et qui lui conviendrait bien.

M. de Chabourot allait répondre que, pour le moment, il n'était point encore autrement pressé de faire choix d'un collaborateur, quand le même domestique qui, la veille, était venu annoncer Cousinot, vint parler bas à son maître.

Une vive contrariété se peignit sur le visage de celui-ci.

— Qu'est-ce? demanda madame de Chabourot, qui s'était aussitôt aperçue de son impression.

— La personne que j'ai été voir ce matin, repartit le baron, et qui apparemment n'a pas reçu ma lettre.

— On ne la lui a donc pas remise en mains propres? demanda la baronne en modérant du mieux qu'elle pouvait son mécontentement. Vos gens ne font jamais les choses qu'à moitié. Eh bien, levez-vous et allez lui dire qu'il revienne demain matin. Dans tous les cas, un homme qui sait vivre ne se présente pas à l'heure où l'on dîne.

— Ma foi non, dit le baron en se levant, et se décidant à faire un coup d'état contre la volonté de sa femme, voilà deux fois qu'on lui fait cette fête, je vais le prier d'attendre au salon que nous ayons fini ; pendant que je ferai le piquet de madame de Janvry, vous pourrez causer avec lui. Et sans attendre la contradiction de la baronne, il sortit, ne voulant pas s'exposer, par une nouvelle impertinence, à exciter le mécontentement d'un homme qu'ils avaient tant à ménager.

Un quart d'heure après, on sortit de table, et en entrant dans le salon, on trouva Cousinot occupé à considérer un portrait de mademoiselle de Chabourot. Il accueillit les survenants d'une inclination raide, faite seulement de la tête et les talons serrés l'un contre l'autre à la manière du soldat au port d'armes ainsi que les militaires ont souvent accoutumé de saluer. Allant aussitôt à lui, M. de Chabourot le conduisit auprès de sa femme à laquelle il le présenta en disant à voix basse : M. Cousinot.

Madame de Chabourot lui adressa un salut froid mais poli ; toutefois elle ne put se décider à la phrase d'usage en pareille circonstance et dont le sens de quelque manière habile qu'on la varie, revient toujours à la formule populaire, Enchanté de faire votre connaissance. Elle se contenta de jeter sur lui un regard rapide, le trouva horrible, et se dit à elle-même qu'il avait la figure d'un vampire et le regard d'une hyène, puis le café qu'on apportait dans le moment lui étant un prétexte, elle le quitta aussitôt.

Après en avoir offert à madame de Janvry et à M. de Freneuse, elle sentit bien qu'elle ne pouvait faire moins que d'en offrir au *monstre*, qui, pour se faire une contenance, s'était approché de la cheminée à laquelle il s'était adossé, levant les pieds l'un après l'autre pour les chauffer.

— Je sors d'en prendre, répondit l'aide-major ; façon de parler hasardée qui fit ouvrir d'assez grandes oreilles à ceux des acteurs de la scène qui ne savaient pas le secret de son personnage.

— Mais vous ne refuserez pas un verre de liqueur, dit alors M. de Chabourot, voulant lui rendre sa politesse du matin.

— Mille grâces, répondit Cousinot en s'inclinant et croyant formuler son refus de la manière la plus élégante.

La tentation toutefois était forte, et c'était mettre notre homme sur une pente dangereuse; mais il se fit un point d'honneur de rompre en cette occasion avec ses habitudes d'estaminet, et ne se rendit à aucune insistance.

Ne voulant pas le laisser à l'embarras de son isolement, M. de Chabourot s'approcha alors de lui, et pour lui faire une conversation telle quelle : Neige-t-il toujours ? lui demanda-t-il.

— Oui, fit Cousinot, et le pavé est très mauvais pour les chevaux.

Cousinot pensait très bien dire, et se constituer par ce développement en homme au fait des habitudes de la vie élégante, car les gens qui vont à pied s'intéressent surtout au temps qu'il *fait par la tête*, comme ils disent vulgairement, mais l'état du pavé est une question dont l'aristocratie qui va en voiture ne laisse pas de se préoccuper.

Toutefois, cette phrase, dans laquelle on voit qu'il y avait au fonds une intention assez profonde, ne réussit pas à l'aide-major ; en l'entendant parler de chevaux, considérant sa redingote boutonnée jusqu'à la gorge et son teint monté en couleur : —Ce doit être un vétérinaire, pensa madame de Janvry ; un maquignon, se fût-elle dit si les moustaches n'eussent arrêté sa pensée en chemin. Quelle idée a M. de Chabourot de nous faire trouver avec cet homme-là !

Curieuse comme elle l'était, et se mettant à l'aise dans une maison qu'elle regardait déjà comme la sienne, la chère dame ne put se tenir de se lever et d'aller demander à madame de Chabourot qui causait avec son futur gendre : Quel est donc ce monsieur qui a un air si drôle?

— C'est un officier, répondit madame de Chabourot en rougissant prodigieusement.

— De cavalerie! reprit madame de Janvry abandonnant son idée hippique du moins qu'il lui était possible.

— Non, de santé, fit madame de Chabourot : c'est le fils d'un de nos fermiers qui vient pour traiter d'une affaire avec moi, ajouta-t-elle en mentant afin d'expliquer la présence d'un homme que sa tournure rendait assez invraisemblable dans son salon.

— Ah! de santé! répéta madame de Janvry avec cet intérêt bête que nous paraissons quelquefois mettre aux choses qui en réalité ne nous font absolument rien. Du reste, l'explication lui ayant paru satisfaisante, car le fils d'un fermier qui a étudié pour être médecin, peut être admis partout, ce semble, surtout en petit comité, elle s'en fut auprès de M. de Chabourot, qui continuait de causer avec l'aide-major.

— Quinze jours d'arrêts forcés! s'écriait le baron à ce moment.

— Qui donc aux arrêts? demanda madame de Janvry, toujours entraînée à vouloir tout savoir et par conséquent à tout demander.

— Votre serviteur, Madame, dit Cousinot.

— Oh! mon Dieu! fit madame de Janvry, quinze jours! et forcés! mais qu'est-ce donc que les arrêts forcés?

— C'est être bloqué dans sa chambre avec un planton à sa porte dont on paie la politesse quinze sous par jour, répondit gaîment Cousinot.

— Et pour avoir permis à un homme de rester malade au lit dans sa chambrée, dit M. de Chabourot, au lieu de l'évacuer sur l'hôpital; voilà-t-il un beau crime!

— Et qui vous a ainsi condamné? demanda madame de Janvry.

— Mon colonel, Madame.

— Comment le nommez-vous ce colonel?

— Le baron de Brisquet.

— Le baron de Brisquet! mais je le connais beaucoup; voulez-vous que je lui fasse parler?

— Ah! ce serait bien peine perdue, répondit l'aide-major; il a fait pour moi tout ce qu'il est capable de faire, en me permettant de ne garder ma chambre qu'à dater de demain, parce que je lui ai dit que j'avais ce soir un rendez-vous d'affaires.

— C'est toujours aimable à lui, dit alors ridiculement madame de Janvry, non pas qu'elle ne sût à merveille qu'il était désobligeant pour Cousinot de paraître prendre parti pour son farouche persécuteur, mais parce que le détail dont elle s'occupait depuis une minute, avait cessé de l'intéresser; aussi elle ajouta: Et notre piquet, monsieur de Chabourot?

— Je suis à vos ordres, fit le baron se dérangeant pour dire qu'on disposât une table de jeu, tandis que madame de Janvry, emportée par l'invincible besoin de locomotion qui la dominait sans cesse, quittait sa place pour aller regarder de près à une tapisserie que mademoiselle de Chabourot s'occupait à broder.

Pour ne pas rester seul, le pauvre Cousinot fit comme elle, et ignorant qu'on ne parle guère dans un salon à une jeune fille dont on n'est point connu, à moins qu'il n'y ait une occasion naturellement faite, il fit lui-même l'occasion et dit, au reste, une chose assez innocente qui était celle-ci :

— Cette tapisserie, Mademoiselle, est d'un goût exquis!

La jeune fille tressaillit sous cette voix qui s'adressait à elle si imprévue, et quoiqu'elle fût parfaitement bonne et d'une admirable charité pour le ridicule, l'étrangeté du compliment la surprit et l'embarrassa à ce point qu'elle ne sut que regarder Cousinot sans trouver un mot à lui répondre; voyant le peu de succès de sa campagne galante, il fit aussitôt retraite, et dans son dépit formula ainsi qu'il suit son opinion sur la famille Chabourot : le père un sot, la mère une harpie et la fille une bégueule. On voit que tout conspirait à le rendre impitoyable pour la proie que le hasard lui avait livrée.

Cependant la table à jouer avait été dressée, madame de Janvry s'y installa avec M. de Chabourot. S'approchant alors de Cousinot : — Voulez-vous bien que nous causions un peu ? lui dit la baronne ; quant à M. de Freneuse, sa place était marquée auprès de Thérèse à laquelle, dans leur situation respective, il avait à la fois le droit et le devoir d'adresser sa cour ; nos personnages étant donc ainsi groupés par couples qu'au temps des concetti on aurait pu étiqueter : M. de Chabourot et madame Janvry, trèfle ou carreau, à volonté ; M. de Freneuse et Thérèse, le cœur ; Cousinot et la baronne, le pique ; nous allons concentrer toute notre attention sur cette dernière couleur et prêter une oreille attentive à sa conversation.

XVIII.

— Si j'en crois ce que m'a conté M. de Chabourot, dit la baronne, des papiers émanés d'un de nos gens et remis à vos mains lors de sa mort nous noircissent beaucoup ; voulez-vous me permettre de rétablir les faits ?

Cousinot s'étant incliné en forme d'assentiment, madame de Chabourot entra dans de longues explications pour persuader à l'aide-major que Leduc, au lieu d'avoir été l'instrument de la soustraction du testament, en avait été l'instigateur ; elle se représenta comme ayant cédé à une fatale suggestion de son amour-propre bien plus que de sa cupidité quand elle s'était faite violemment héritière d'un frère pour lequel elle avait toujours été pleine de bons procédés, et qui, en la déshéritant, non seulement commettait une grande injustice, mais lui infligeait encore une sorte de flétrissure ; enfin, à la manière de tous les coupables, elle battit longuement la campagne pour établir au moins relativement son innocence. Cousinot la laissa dire, il n'était point là pour la juger mais pour tirer parti d'une position qu'aucune de ces paroles ne modifiait.

Le voyant assez froid à ce plaidoyer dont il témoignait ne pas faire grand état, puisqu'il ne prenait pas la peine d'y faire de réplique, madame de Chabourot entra plus au vrai dans le vif de la question quand elle ajouta :

— Je sais du reste, Monsieur, que notre justification est ici d'une importance assez secondaire ; nous sommes, je l'avoue, constitués dans une position très fausse ; le hasard a fait que vous ayez à nous en demander compte, c'est là le véritable intérêt qui est à régler entre nous, et, de mon côté, je ferai tous mes efforts pour vous donner une pleine et entière satisfaction.

Cousinot s'inclina encore sans autrement répondre ; il n'était plus, comme le matin avec M. de Chabourot, à l'aise et communicatif ; il sentait qu'il avait affaire à un maître adversaire, et le laissait montrer son jeu avant de découvrir le sien.

— M. de Chabourot, continua la baronne, m'a parlé d'une délicatesse sans doute fort honorable que vous lui avez témoignée : il vous répugne de mettre un prix exprès et matériel aux bons procédés que vous pourriez avoir pour nous ; je ne puis que rendre justice à de tels sentiments, mais ce mode de transaction a des avantages qu'aucun autre ne présenterait au même degré.

— Je pense différemment, dit alors Cousinot, et il me semble avoir fait à M. de Chabourot une proposition très raisonnable.

— D'abord, repartit la baronne, il n'y a pas à se dissimuler que pour vivre ensemble sous le même toit, d'une vie complètement commune, nous ne soyons placés assez étrangement. Vous mettrez, je n'en doute pas, à tirer parti de votre position, tous les ménagements imaginables; de notre côté, nous tâcherons, excepté quand nos domestiques nous feront faire par leurs sots renseignements une impolitesse, — elle jetait ainsi une excuse indirecte de son impertinent début avec l'aide-major, — d'être aussi convenables que possible avec vous; mais en somme cependant, nous débutons mal, nous sommes au fond des ennemis à l'amiable, et je crois que nous aurons toujours les uns contre les autres un peu de levain.

— Moi, dit Cousinot, je vous assure, une fois la chose arrangée, que je ne vous en voudrai pas.

Si madame de Chabourot eût dit toute sa pensée, elle eût répondu à la naïve protestation de l'officier de santé, qu'elle comprenait cette clémence à merveille et que le couteau n'en veut pas au mouton qu'il égorge;mais, redoublant l'idée qu'elle venait déjà d'exprimer :

— Croyez-moi, mon cher monsieur, reprit-elle, quoi que nous fassions, il y aurait bien longtemps entre nous de la gêne, on n'aime jamais être un pays conquis, et la fusion a toujours de la peine à se faire entre vainqueurs et vaincus.

— Ce n'est pas mon avis, répondit Cousinot, ne laissant pas entamer sa résolution, mais répondant du plus bref qu'il lui était possible, car il n'osait pas s'aventurer contre cettre phrase si cherchée, si élégante qui essayait de l'enlacer.

— Il y a d'ailleurs, reprit madame de Chabourot, une considération décisive ; nous sommes ici pour faire une affaire, n'est-il pas vrai ?

— Oui ; enfin nous essayons de nous entendre, répondit Cousinot.

— S'entendre, reprit madame de Chabourot, c'est arriver à une conclusion. Eh bien, avec l'arrangement que vous proposez, il n'y a pas de conclusion possible, et nous sommes condamnés au provisoire à perpétuité.

— Comment ça? fit l'aide-major.

— Que voulons-nous? Nous voulons, M. de Chabourot et moi, obtenir de rentrer dans les titres importants égarés hors de nos mains; vous voulez, vous, Monsieur, nous les rendre, mais en vous procurant une joie un peu plus positive que celle qui se rencontre au bien fait pour lui-même; eh bien! avec cet arrangement d'une sorte d'affiliation que vous feriez à notre famille, où serait le moment de la perfection du traité?

— Le moment de la perfection du traité, répéta l'aide-major qui décidément aurait voulu que madame de Chabourot parlât moins *vaporeusement*.

— Oui, à quel moment nous rendrez-vous les papiers? finit par dire crûment madame de Chabourot, impatientée de voir qu'elle semait devant un profane les perles de ses délicates circonlocutions.

— Mais aussitôt qu'il sera possible, repartit Cousinot sans trop s'engager comme on voit.

— Vous comprenez que ce terme est bien vague. Est-ce au moment où vous viendriez vous installer chez nous? Mais alors une fois dessaisi, vous vous mettriez à notre discrétion, et rien ne vous garantirait plus l'exécution des engagements que nous aurions pris avec vous. Est-ce, au contraire, beaucoup plus tard? mais alors vous seriez déjà nanti d'avantages très réels que vous n'auriez rien fait encore pour nous. Il n'y aurait, il faut en convenir, aucune équité dans cet arrangement.

— C'est bien parce que j'ai compris ainsi la chose, repartit Cousinot, que j'ai avisé à un moyen qui nous permette de traiter donnant donnant, et je le disais encore hier à M. de Chabourot, il n'y a vraiment qu'une manière convenable d'arranger tout ça.

— Mais sans doute, Monsieur, et je ne sais vraiment pourquoi votre délicatesse s'effarouche à l'idée que nous détournions une portion quelconque de notre immense superflu pour vous créer une position de fortune qui soit à la fois selon votre mérite et selon vos vœux.

— Nous ne nous entendons pas, Madame, dit l'aide-major ; vous parlez toujours argent quand je suis butté à n'en pas recevoir.

A ce moment, il fut interrompu par la voix de madame de Janvry. C'est assez l'usage, dans une petite réunion, quand quelques-uns de ses membres s'isolent à une table de jeu, que, de temps à autre, ils donnent signe d'existence et se rattachent par une parole jetée hors de leur partie, à la vie générale du salon.

— Ma chère madame de Chabourot, fit donc gaîment madame de Janvry, voulez-vous bien me permettre d'interrompre votre grave entretien pour vous dire que votre cher mari vient d'être fait capot ?

— Cela ne m'étonne nullement, repartit la baronne, vous jouez bien mieux que lui.

— Regardez donc aussi, reprit la tante en parlant de M. de Freneuse qui profitait de son mieux du tête à tête qui lui avait été ménagé avec Thérèse, comme nos enfants sont sages; je crois que voilà une soirée qui pourrait bien faire mûrir tout d'un coup le mariage de quelques semaines.

A cette parole, l'aide-major jeta sur le gendre futur de madame de Chabourot un regard qui se prolongea longtemps. Puis, s'adressant à son interlocutrice.

— Vous mariez mademoiselle votre fille? demanda-t-il.

— Oui, Monsieur, répondit la baronne assez étonnée de cette question, mais ne voyant aucune raison de ne pas y répondre.

— C'est ce que je ne savais nullement, fit l'aide-major.

— Comment l'auriez-vous su, demanda madame de Chabourot, nous ne vous connaissions pas hier et nous avons aujourd'hui l'honneur de vous recevoir pour la première fois.

— Je vous demande pardon, j'aurais dû le savoir, parce que, depuis une quinzaine que je songeais à entrer en rapport avec vous, j'avais pris sur votre intérieur quelques légères informations.

— Ah! fit madame de Chabourot d'un accent presque moqueur.

— Oui, répondit l'aide-major naturellement; avant de me lancer, j'avais désiré connaître le terrain; mais j'avoue qu'on ne m'a rien dit de ce détail-là, qui est cependant de conséquence.

— En quoi de conséquence, Monsieur? demanda sèchement madame de Chabourot.

— En ce qu'il ne cadre pas très bien avec d'autres idées.

Madame de Chabourot ne comprenait pas; il était impossible qu'elle comprit la monstrueuse pensée qui à toute force pouvait être cachée sous cette phrase; néanmoins un instinct d'épouvante précipita sa parole et la fit sortir pour un moment de l'impénétrable réserve qui, dans les rencontres difficiles, faisait le fond de son habileté. — D'autres idées? répéta-t-elle en regardant l'aide-major d'un air d'indicible fierté.

L'officier de santé baissa les yeux sous ce regard dans lequel paraissait se refléter tout l'orgueil de la généalogie des Chabourot ; toutefois, reprenant termes pour termes une phrase qui avait figuré déjà dans sa conversation avec le baron, et qui, par conséquent, pouvait passer pour avoir été préméditée et recéler une pensée de quelque portée :

— Dans l'affaire qui nous occupe ici, Madame, qu'est-ce que je suis au juste, dit-il, l'héritier providentiel de Charles Villeneuve, ce jeune homme que vous aviez admis dans votre maison en qualité de secrétaire de M. de Chabourot ; — mais il ajouta, variante bien importante — et auquel vous vous étiez engagée, en réparation du mal que vous lui aviez fait à donner en mariage mademoiselle votre fille.

Ici Cousinot s'arrêta, et il demeura évident que, malgré son aplomb ordinaire et l'avantage de sa menaçante position, il éprouvait quelques hésitations à s'expliquer complètement.

Quant à madame de Chabourot, elle était bien trop habile pour l'aider d'une seule parole qui eût pu lui servir à élucider sa nébuleuse pensée.

— Continuez, Monsieur, fit-elle au contraire en le pressant pour accroître son embarras, et aussi parce qu'elle avait une horrible impatience de voir jour dans son doute.

— Comme je vous le disais tout à l'heure, reprit Cousinot ayant l'air de fausser compagnie à l'idée qu'il venait d'exprimer, mais continuant néanmoins de la suivre sous une autre forme : un moyen qui nous permette de traiter donnant donnant, voilà ce que nous devons chercher.

— Oui, fit Madame de Chabourot d'un air de profonde ironie.

— Eh bien, m'étais-je dit, je me suppose reçu dans la maison Chabourot ; je vis avec eux en famille ; j'ai occasion de voir tous les jours mademoiselle Thérèse ; elle n'a pas de préjugés aristocratiques, puisqu'elle n'avait pas dédaigné de s'attacher à Charles Villeneuve, sur lequel j'ai du moins l'avantage d'avoir un père ; eh bien ! qui sait si, avec du temps, des soins, la connaissance d'un immense service rendu à sa famille, on ne la déciderait pas à me reconnaître pour légataire universel et absolu, — sur tous les points, de celui que je représente ici.

L'aveu était fait, et, sans parler de ce qu'il avait d'épouvantable en lui-même, il était entouré des circonstances les plus propres à le rendre un objet de terreur. Il restait évident, en effet, que ce n'était qu'après une méditation profonde, sans se presser, après avoir pris un mois approchant pour arranger son projet que cet homme venait enfin le produire, et sous quelle forme procédait-il? D'une allure mesurée et cauteleuse, parlant si l'on veut en termes peu relevés, mais disant cependant avec une certaine adresse, juste les choses qu'il voulait dire lorsqu'il montrait une insigne répugnance à se faire payer son silence en argent, lorsqu'il prétendait avoir pris la première inspiration de sa pensée dans la dévolution providentielle du secret qui faisait sa force, s'arrangeant pour garder à son caractère toute la dignité compatible avec l'action qu'il commettait. Madame de Chabourot, qui se connaissait en conceptions profondes et ténébreuses, ne le méprisa plus à ce coup, elle ne dit plus que c'était un chétif ennemi, fils d'un petit marchand d'Avignon, *pensant mal*, et qu'il n'aurait pas la force de se dresser jusqu'à eux. Elle reconnut au contraire qu'un adversaire de la plus dangereuse espèce, un homme décidé à pratiquer l'extorsion sur la plus grande échelle, venait l'assaillir et qu'il ne serait sous aucun rapport facile de se mesurer avec lui.

Il n'y avait guère à espérer que l'obstacle préexistant d'un autre mariage en voie de se faire fût suffisant pour décider cet étrange prétendant à renoncer à sa poursuite. Toutefois, cet argument étant le premier qu'elle trouva sous sa main, dans le désordre où elle fut jetée par cette effrayante révélation, madame de Chabourot s'en servit, et elle dit à Cousinot :

— Vous voyez, Monsieur, que le mariage

de ma fille est déclaré public; M. de Freneuse est d'ailleurs un parti excellent et auquel il y aurait de la cruauté à vouloir qu'elle renonçât.

— Et moi aussi, au moyen de la dot que j'apporte et que je délivrerais le jour du mariage, je ne suis pas un parti trop mauvais.

— Soit, reprit la baronne; mais quand une place est prise...

— Promise, vous voulez dire, interrompit l'aide-major, et je suis justement ici une preuve que les promesses ne se tiennent pas toujours.

— Enfin, Monsieur, dit la pauvre mère tâchant de se contenir, vous n'exigerez pas sans doute que nous rompions un projet aussi avancé que possible, et où est intéressé le bonheur d'une pauvre enfant qui ne vous a jamais fait de mal, et qui est bien innocente de l'imprudence que j'ai pu commettre.

— Son bonheur, c'est ce qui ne m'est pas prouvé : elle en aimait un autre, et il n'y a pas déjà si longtemps qu'il est mort pour qu'elle l'ait oublié ; regardez donc si elle a l'air d'écouter ce M. de Freneuse avec tant de plaisir !

La remarque était vraie, et Thérèse ne prêtant qu'une attention assez froide aux empressements de son futur, madame de Chabourot fut outrée de se voir ainsi chassée de retranchement en retranchement ; aussi ne fut-elle pas maîtresse de retenir une réponse pleine d'amertume.

— Vous pensez apparemment, dit-elle à l'officier, qu'elle vous écouterait plus volontiers !

Cousinot était puissamment armé, il sentait sa force, il ne s'émut donc pas de l'insultante comparaison qui était impliquée dans cette phrase; et se contenta de répondre : Au moins, je demande que la question soit mise au concours.

—Mais, Monsieur, il n'y pas de question. Tout est résolu depuis longtemps; ce mariage est sur le point de se faire, il ne dépend pas même de nous à présent qu'il ne se fasse point.

— Vous pouvez bien toujours le retarder; je ne vous demande pas autre chose. Que diable, ajouta-t-il en laissant échapper ses façons *troupières*, qu'il s'était donné jusque-là le soin de contenir, la concurrence n'est pas défendue. Laissez-moi comme je l'ai toujours demandé, venir prendre ici la place qu'occupait Charles Villeneuve; cette place me sera peut-être bonne; si je parviens à obtenir le consentement de mademoiselle Thérèse, eh bien, vous me la donnerez; si, au contraire, je perds mon temps auprès d'elle, nous verrons à nous arranger autrement.

Le plus grand malheur que pouvait entrevoir madame de Chabourot c'était précisément que d'une façon ou d'une autre Thérèse fût entraînée à accepter l'odieux époux qui s'offrait à elle. C'était bien moins le bonheur de sa fille qui l'occupait que la cruelle épreuve à laquelle sa vanité aurait été exposée; aussi ne se rendit-elle pas à l'offre de cette sorte de transaction. Loin de là ; poussée à bout et ayant honte de l'attitude qu'elle avait gardée jusque-là dans cet entretien, elle se décida à reprendre l'offensive, et dit à l'aide-major avec vivacité :

— Il ne faut pas croire, Monsieur, que vous obtiendrez tout de nous en nous posant le pistolet sur la gorge, il y a à compter aussi avec votre position, qui ne laisse pas d'avoir ses embarras ; vous ne voulez pas nous *per-*

dre en pure *perte*, car ce n'est point là votre intérêt; quand vous nous aurez dénoncé au procureur du Roi, il ne vous fera pas une pension, lui, et c'est un assez sot plaisir que celui que vous vous donneriez de nous causer beaucoup de mal sans en tirer aucun bénéfice. D'ailleurs, vous nous parlez de papiers qui sont en votre possession, et que vous n'avez pas peut-être : dans tous les cas, les faits ne se sont point passés ainsi que les a présentés Leduc, et nous nous défendrons, ajouta-t-elle en se levant comme pour rompre l'entretien.

— Les papiers, je les ai, répondit Cousinot quittant son siège, et vous les ferai voir quand vous voudrez; les faits se sont passés comme je les sais, et une lettre de vous le prouve; quant à mon silence, basé sur mon intérêt, ne vous y fiez pas, je suis un entêté je vous en préviens, et je n'aime pas qu'on prenne avec moi des airs méprisants. J'ai fait une grande sottise, ajouta-t-il se parlant ici autant à lui-même qu'à la baronne, de ne pas donner ma démission pour pouvoir suivre cette affaire sans être dérangé, mais quinze jours sont bientôt passés, et je vous engage, si vous aviez à prendre avant ce temps une détermination, à envoyer M. de Chabourot en causer avec moi.

Au plaisir, Madame, fit-il en même temps, se mettant en devoir de quitter le salon.

Arrivé à la porte, il fit exactement la même manœuvre qu'un amant qui sort furieux de chez une maîtresse adorée: il se retourna et, paraissant croire qu'on le rappelait, s'arrêta un moment, mais madame de Chabourot ne le suivait pas même des yeux, et elle répondit à M. de Freneuse qui, aussitôt qu'il l'avait vue libre, lui avait adressé la parole; le terrible prétendant ouvrit donc la porte et la ferma sur lui un peu plus rudement peut-être que de raison.

XXI.

Ce monsieur avait dit M. de Freneuse, en voyant la sortie animée de Cousinot, ne me paraît pas très charmé du succès de sa conférence.

— C'est qu'en effet, avait répondu madame de Chabourot, nous ne nous sommes pas trop bien entendus.

— Eh bien ! dit alors madame de Janvry tout en continuant de jouer, il a le temps de passer sa mauvaise humeur et de se remettre, pendant les quinze jours qu'il va garder sa chambre.

— Comment, les quinze jours qu'il va garder sa chambre, demanda la baronne qui déjà avait remarqué la mention de quelque chose d'approchant dans les dernières paroles que lui avait jetées l'officier de santé.

— Oui, il contait tout à l'heure, dit madame de Janvry, que son colonel l'avait mis tantôt, aux arrêts pour une quinzaine : c'est qu'il ne plaisante pas, le colonel Brisquet !

— Le sot ! pensa madame de Chabourot, il a conté cela. C'est un coup de providence que cette confidence qu'on pourrait croire d'un si médiocre intérêt. Monsieur de Chabourot, dit-elle ensuite, vous qui savez votre code comme un avocat, combien de temps faut-il pour la publication des bans d'un mariage? Cet homme, qui sort d'ici, me soutenait qu'il fallait trois semaines.

— Du tout, il faut huit jours, repartit le baron, la publication doit être faite deux dimanches de suite.

— Et aussitôt après on peut se marier?

— Non pas vraiment, dit M. de Chabourot, il faut encore deux jours de délai, non compris celui de la dernière publication.

— Mais savez-vous, se prit à dire madame de Janvry, que cette législation est une horreur, il n'y a plus de poésie possible avec ces entraves mises à la liberté des mariages. Ces délicieuses unions secrètes sur lesquelles ont tant vécu les romans et les drames, il faut maintenant les rayer de nos tablettes;

les bonnes scènes de comédie où l'on fait signer, sans qu'ils s'en doutent, à un père ou à un tuteur, un bon contrat qui les engage à donner leur fille ou pupille, quoi qu'ils en aient, *à Valère*, tout cela est impitoyablement passé de mœurs; aussi, est-ce que l'on rit aujourd'hui?

— Il est vrai, dit alors M. de Freneuse, que nous avons aujourd'hui une société bien en ordre, et qui ressemble un peu aux grandes allées droites de nos anciens jardins français; mais le drame, quoiqu'il ait perdu bien de ses commodités, n'en est pas pour cela plus malade; étant plus surveillé par la loi, il s'est fait plus sournois et plus souterrain; au lieu de courir à la surface, il chemine silencieusement dans la région plus intime de la vie. Je suis sûr, si on allait au fond des secrets de bien des familles, qu'on l'y trouverait splendidement installé.

Cette allusion si cruelle, involontairement faite à sa situation personnelle, ne fut qu'une raison de plus pour madame de Chabourot de se décider à tout entreprendre en vue de procurer l'établissement de sa fille avant qu'une dangereuse lumière ne vînt à briller au milieu des ténèbres d'un lamentable passé. Aussi, le piquet de madame de Janvry terminé, et l'unité étant rendue à la réunion que nous avons vue tout à l'heure fractionnée avec une régularité si singulière, madame de Chabourot prit la parole, et, marchant presque brutalement à son but :

— Thérèse, dit-elle à sa fille, peut-on vous montrer quelque curiosité de l'état de votre âme ?

A cette interrogation si abrupte et tellement faite à bout portant, une vive rougeur colora le visage de mademoiselle de Chabourot, et M. de Freneuse, quoique jusqu'à un certain point la question fût dans ses intérêts, eut mal à ce pauvre cœur si étrangement interpellé. Il n'en fut pas de même de madame de Janvry; trouvant le coup bien porté, elle dit, comme l'Intimé des *Plaideurs* :

Parbleu, je vais me mettre aussi de la partie.

— Oui, dit-elle ; là, Thérèse, où en sommes-nous de la fin ? quand voulez-vous sortir du temps pour entrer dans l'éternité ?

— Votre métaphorere, empruntée à la langue des prédicateurs, n'est pas très heureuse, ma tante, s'empressa de répondre pour la jeune fille M. de Freneuse, car c'est là, une résolution qui, déjà peut-être présenter effraie mademoiselle, par le côté qui lui donne le plus à penser.

— Il est sûr, dit alors M. de Chabourot, auquel sa position de ménage médiocrement heureuse devait naturellement inspirer cette réflexion, que le mariage est un traité auquel on doit bien regarder avant de le conclure, car on n'a pas, comme pour les conventions diplomatiques, la facilité de le rompre quand il vous gêne par trop.

— Voulez-vous conseiller à Thérèse de rester fille et de ne pas épouser monsieur? demanda avec humeur madame de Chabourot, faisant ainsi payer cher à son mari sa sotte remarque, en traduisant en une impolitesse à l'adresse de M. de Freneuse, la généralité qu'il avait dite.

— J'ai si peu la ridicule idée que vous me prêtez là, répondit le baron, que je me joins à vous pour demander à Thérèse quand est-ce que nous en finissons?

La pauvre enfant, comme on voit, faisait les frais du mauvais pas où s'était mis son père, et, pour nous servir d'une comparaison qui n'aurait certes pas déplu à celui-ci, elle était traitée comme ces petits souverains qui, placés entre les camps de deux potentats, voient ordinairement se conclure l'arrangement à leurs dépens.

Ainsi, pressée de toutes parts, mademoiselle de Chabourot ne vit de recours qu'en la générosité de M. de Freneuse, et dit, d'un air à la fois de reconnaissance pour lui et de reproche pour ses persécuteurs : La seule personne qui ait intérêt à ne point admettre de délais, est justement celle qui montre le plus de patience.

— M. de Freneuse, dit madame de Chabourot, fait son rôle d'homme désireux de vous plaire en se résignant à entrer dans vos petits caprices au point même de s'y sacrifier; mais pour nous, spectateurs désintéressés, comme vous le remarquez fort bien, de ce sacrifice, c'est justement un motif de plus de le prendre en compassion et de faire nos efforts pour qu'il ne soit pas porté au delà de certaines limites.

— Sans doute, sans doute, fit gaîment madame de Janvry, il faut mettre cette méchante petite fille à la raison et l'empêcher de tyranniser les gens.

— Ma tante! fit M. de Freneuse qui trouvait qu'on le servait trop.

— A toute espèce d'exigence, reprit madame de Chabourot, il faut une raison et, soit dit en passant, ajouta-t-elle comme par réflexion, il est peut-être généreux d'appeler exigence la bien naturelle insistance que nous mettons à ce qu'une chose qui est faite se fasse.

— Exigeants, reprit madame de Janvry, nous ne le sommes pas, nous sommes curieux d'un dénouement, voilà tout.

— Je disais donc maintenant mon mot,

reprit la baronne, qu'à toute exigence il fallait une raison raisonnable; or, ma raison de désirer que ce mariage décidé ne se traîne pas plus longtemps, c'est la conversation que j'ai eue tout à l'heure avec la personne qui quitte le salon.

— Comment cela? fit M. de Chabourot inquiet et étonné.

— Comme il est parfaitement vrai de dire, qu'il n'est tel que d'avoir sa fille pourvue, pour trouver des marieurs, ce monsieur voulait absolument me donner un mari pour Thérèse.

— Qui, cette espèce? fit madame de Janvry toute courroucée.

— Oui, reprit la baronne, il n'est peut-être pas posé complètement bien pour une négociation pareille; cependant, à raison de certaines circonstances, il pouvait mieux qu'un autre me pressentir à ce sujet.

— Enfin dit M. de Chabourot ?.... que la tournure de la narration de sa femme intriguait au plus haut degré.

— Eh bien ! naturellement je lui ai dit qu'il venait trop tard ; mais j'aurais été dispensée d'avoir à faire ce refus, qu'il m'était désobligeant d'adresser à la personne qui l'envoyait, si nous nous fussions trouvés dans le vrai de notre situation, et que le mariage de ma fille eût été dès à présent une chose assez faite pour que la voix publique l'eût appris à ce tardif prétendant.

Nos lecteurs, qui savent que madame de Chabourot mentait, et, par parenthèse, il faut remarquer sa méthode de mentir, qui est à l'usage d'un assez grand nombre de gens, lesquels, autant qu'il est en eux, constituent toujours leurs mensonges d'un fonds de vérité ; nos lecteurs, disons-nous, ne seront peut-être pas très convaincus de l'excellence du motif que mettait ici en avant la baronne pour précipiter le mariage de sa fille avec M. de Freneuse. Il en fut autrement de madame de Janvry, qui s'en déclara frappée *plus qu'elle ne saurait dire*, et qui ajouta qu'elle voyait à un plus long délai un *million* d'autres inconvénients.

En y regardant de près, Thérèse n'avait à sa résistance qu'un vague intérêt de fidélité pour un souvenir ; elle dut donc se décider à faire en ce moment ce que, deux jours avant, elle avait fait lorsqu'elle avait accepté la recherche de M. de Freneuse. Cessant de lutter contre tant de volontés qui la circonvenaient, elle donna son consentement à une conclusion aussi prochaine qu'on la jugerait convenable, et mit même à sa résignation assez de bonne grâce, pour que M. de Freneuse fût dispensé d'en décliner le bénéfice ; il demeura alors convenu entre celui-ci et M. de

Chabourot, que chacun de leur côté ils travailleraient dans le sens d'un dénouement immédiat et se mettraient en mesure d'accomplir toutes les formalités nécessaires à la célébration du mariage, dans le plus bref délai.

XX.

Après le départ de madame de Janvry et de son neveu, Thérèse s'étant retirée dans sa chambre, M. de Chabourot, resté seul avec sa femme, s'empressa de lui demander ce que signifiait cette demande, dont Cousinot s'était fait l'organe. La baronne raconta alors les prétentions de l'aide-major, dont son mari ne se montra pas indigné au point qu'elle l'aurait supposé. En effet, quelque triste que fût cette péripétie, elle venait à l'appui de toute la prévoyance qu'il avait toujours montrée touchant les résultats de cette triste affaire, et l'espèce de satisfaction d'amour-propre que l'on éprouve toujours à faire preuve d'une fine prévision et d'un bon jugement, lui amortit un peu la violence du coup qui lui était porté.

Revenant suivant son attraction ordinaire à ressasser le passé : —Voilà, dit-il, vous n'avez pas voulu tenir votre engagement, vous avez refusé pour gendre un jeune homme bien élevé, qui était presque de notre sang, que Thérèse acceptait avec bonheur, et, qui, en entrant dans notre famille, fermait un abîme toujours ouvert à nos côtés ; mainte nant, à sa place c'est un soudard, un grossier et brutal personnage qui vient nous faire violence auquel nous serons peut-être obligés de sacrifier notre pauvre enfant; car plus va cette affreuse intrigue, plus elle se complique.

Madame de Chabourot interrompit ces doléances en lui reprochant d'avoir seulement une lointaine pensée, que les prétentions de l'aide-major pussent être admises. Notre étoile, ajouta-t-elle, qui ne nous a certes point abandonnés, a permis qu'un répit de quelques jours dût nous être accordé par ce misérable. Vous avez pu voir que mon intention est d'en profiter; la première fois que nous le reverrons il trouvera un obstacle invincible placé en travers de ses inconcevables idées; alors il faudra bien qu'il se restreigne à traiter avec nous sur un pied supportable.

— Et s'il ne voulait pas se restreindre, fit M. de Chabourot, si, dans sa colère de voir ses projets déjoués, il allait user des titres qu'il a entre les mains ?

— Eh bien ! dit la baronne, alors comme alors, et notre fille sera sauvée. Croyez-vous donc d'ailleurs que, besoigneux comme il est, il veuille faire tourner à la simple satisfaction de nous commettre avec la justice, la bonne et solide occasion qu'il a entre les mains ? Il menacera sans doute et fera beaucoup de bruit, mais en fin de cause, se résignera à tirer de nous quelque beau lopin sur le chiffre duquel il y aura encore à discuter. Mais il n'y a pas un moment à perdre, ajouta la confiante dame, il faut que dans deux jours les publications commencent, et qu'aussitôt les délais indispensables écoulés, le mariage soit célébré ; madame de Janvry nous seconde d'ailleurs à merveille dans le besoin de célérité qui se fait ici sentir, et nous n'avons pas à craindre d'elle ce que nous pourrions redouter de tout autre, à savoir, que la rapidité de notre marche vers le dénouement lui donne non plus qu'à M. de Freneuse, qui heureusement est très amoureux, quelque fâcheux soupçon. Je ne vois à mon plan, qui est assez effronté, comme dit la comtesse Almaviva, qu'une seule et unique difficulté, c'est que tout encagé que sera notre tigre, il ne soit avisé de nos projets ; dans cette donnée, assurément il passerait par dessus les inconvénients d'une rupture de son ban pour venir nous disputer sa proie ; mais il y a une manière de prévenir cet embarras, il faut avoir l'air de négocier avec lui et ne pas rejeter d'une façon absolue ses propositions ; vous irez le voir ; tout en paraissant ne pas vouloir céder, vous lui laisserez néanmoins entrevoir la possibilité de notre tardive résolution. Nous aurons soin d'ailleurs, quoi que j'en aie dit tout à l'heure de la nécessité de faire éclat du mariage arrêté avec M. de Freneuse, qu'il en soit fait le plus petit bruit possible, et dans tous les cas ce bruit se ferait dans un monde dont le retentissement ne va pas jusqu'à lui. Oh! monsieur notre gendre, finit par dire en s'animant sous sa propre parole l'espèce de Frontin femelle qui organisait si habilement sa défense, nous vous ferons voir si nous sommes gens de si peu de résistance et si on nous prend d'assaut avec un rouleau de papier!

M. de Chabourot était loin sans doute de partager cet enthousiasme; néanmoins il ne put nier que ce plan n'eût des chances de succès; il était également assez disposé à croire que le mariage manqué, leur terrible adversaire se tournerait vers une consolation plus utile à lui-même que celle d'une dénonciation ; il promit donc à sa femme de l'aider, tant par son activité à avancer le moment de conclure avec M. de Freneuse, que par sa prestesse à faire prendre le change à l'aide-major, et à l'amuser par d'habiles délais. Dans le fait, ce dernier soin rentrait tout à fait dans ses goûts et dans ses études. C'était, ou nous ne nous y connaissons pas, de la diplomatie.

XXI.

On peut voir, par la grande besogne que l'on s'occupait de tailler à notre officier de santé, le danger pour un homme qui poursuit un projet de quelque importance, de ne point tenir sa langue et de jeter imprudemment ses paroles. Pour avoir légèrement conté qu'il avait pris querelle avec son colonel et qu'une suspension de sa liberté individuelle s'en était suivie, voilà ce prétendant exposé à être éconduit de la plus piètre manière, et à voir un plan dressé avec une apparence de profondeur fort subtilement déjoué. A ce compte, Cousinot n'était donc pas ce rude joûteur qu'on a pu s'imaginer en voyant l'opinion qu'avait d'abord prise de lui une connaisseuse, madame de Chabourot?—Quelques explications pour répondre à ce doute.

Comme presque tous les hommes, — car ce n'est que dans les mélodrames que se rencontrent ces personnages tout d'une pièce, suant par tous les pores le crime à larges gouttes, et ne s'arrêtant jamais qu'ils n'aient atteint les dernières limites de la scélératesse, — Cousinot, dans son être moral, avait beaucoup de relatif. Constitué d'un fonds passablement vicieux, son caractère, qu'on nous passe cette expression, se panachait de quelques bonnes tendances. Par exemple, *la sublimité* de sa délicatesse n'allait pas jusqu'à comprendre que ce rôle de s'introduire dans une famille, armé d'un secret, et d'y faire violemment la loi, n'était pas le fait d'un honnête homme qui ne veut par aucun côté s'assimiler aux ravisseurs même les plus véniels du bien d'autrui, mais sa répugnance à voir sa discrétion escomptée en argent, était cependant réelle et positive ; elle résultait en sa personne d'un certain sentiment d'honneur militaire et d'une sorte de probité à lui, qui était assez dans l'usage de couper le mal en deux, et de n'en prendre que la moitié. C'est ainsi encore qu'il parlait sérieusement lorsqu'il annonçait vouloir être mis en position de faire sa cour à mademoiselle de Chabourot, et d'obtenir son assentiment avant de dérober sa main. Sa vie, du reste, tout entière, depuis que nous avons fait connaissance avec lui, s'est montrée constamment empreinte de cet esprit de transaction dans l'oubli du bien.

Avec madame Bouvard il se serait certes refusé à un de ces ignobles commerces où la prostitution change de sexe; mais il ne se faisait point faute, sous forme d'emprunt à terme illimité, de s'aider des ressources de la complaisante dame. Le dépôt de Leduc pratiqué entre ses mains, il s'était d'abord occupé religieusement d'exécuter le mandat qu'il ne avait accepté; mais la mort s'étant entremise dans l'affaire, et ayant empêché qu'il pût l'accomplir, il n'avait vu aucun inconvénient à violer un secret qui n'était point à son adresse et à faire de cette découverte un usage coupable, auquel il se figurait apporter une sorte de modération et de tempérament. En un mot, pour résumer ce caractère qui est infiniment plus commun qu'on ne se l'imagine, étant vrai qu'il y a une grande et une petite morale, puisqu'on a dit que la petite tuait la grande, Cousinot pratiquait celle du petit format, celle qui tient facilement dans la poche et qu'on y fait rentrer le cas échéant.

Ainsi posé, sans méchanceté déterminée et absolue, homme plutôt d'occasion dans la pratique du mal que d'une conception froide et primesautière, tout habile et tout dangereux qu'il fût, il n'atteignait certes pas à la hauteur de sa noble adversaire, et, malgré tous les avantages que le hasard lui avait donnés sur madame de Chabourot, il avait besoin de bien se tenir s'il ne voulait se voir honteusement éconduit.

Une fois confiné dans sa chambre où il avait tout le loisir de réfléchir, il ne tarda pas à s'apercevoir de la faute qu'il avait faite en donnant à connaître que tous ses mouvements et démarches allaient être paralysés quinze jours durant. Ne sachant pas au juste où en étaient les choses avec M. de Freneuse, il eut assez l'instinct de ce qui se tramait contre lui et ne se dissimula point que, pendant le temps de sa retraite forcée, on pourrait fort bien se hâter de terminer à l'encontre de ses prétentions.

Ce n'est pas cependant qu'il ne trouvât quelques raisons de se rassurer dans la considération de la terreur salutaire que semblait devoir exciter le sentiment du secret menaçant dont il était détenteur; mais, tout bien calculé, il ne fallait pas s'y fier; madame de Chabourot avait paru prête à faire une plus fière résistance que sa mauvaise position ne semblait la comporter; elle avait d'ailleurs émis sur l'existence des titres compromettants, qu'il avait annoncé avoir dans les mains, un doute assez cavalier, qui pouvait amener cette femme dont Leduc avait précédemment expérimenté l'entêtement et l'allure délibérée, à ne pas faire suffisamment état de ces armes respectables. Bref, pour un homme qui ne voulait pas être pris au dépourvu, il y avait évidemment quelques précautions à prendre; dans ces circonstances, deux mesures de quelque importance furent résolues par l'aide-major en vue de parer aux périls de la situation.

Depuis le moment où il avait commencé à s'occuper de sa grave entreprise, Cousinot avait fort négligé madame Bouvard; il lui était, en effet, facile de comprendre que cette liaison, dont il se trouverait bientôt en position de dédaigner le côté utile, pourrait créer d'assez embarrassants obstacles à ses projets; il avait donc pensé à s'y prendre de longue main pour en amener le terme ; et, afin d'éviter l'éclat d'une rupture qui, vu le caractère profondément passionné de la digne hôtesse, ne pouvait manquer d'être animée et bruyante, il avait doucement essayé de laisser mourir d'inanition un sentiment dont il lui semblait que l'heure fatale était arrivée. Mais, amante sensible et dévouée, madame Bouvard n'avait pas plutôt connu la rigueur de la réclusion à laquelle son tiède soupirant était condamné, qu'elle était venue lui offrir généreusement les consolations de sa tendresse et de sa présence ; ne se souciant pas d'ailleurs des atteintes que le fait même de ses visites, sans parler de leur longue durée et de leur fréquence, pouvaient donner à sa réputation.

Il est plus que probable que le volage aide-major eût fort mal accueilli ce sacrifice; car rien n'est plus mal venu que les empressements de la femme qui a fait son temps, s'il n'eût entrevu dans l'ardente amie qui l'obsédait de ses soins un très utile auxiliaire pour les mesures de précautions auxquelles la prudence lui conseillait d'avoir recours. Prenant donc la chère dame par son faible, il n'hésita pas à lui avouer, sans lui faire savoir d'ailleurs le fonds de cette mystérieuse confidence, qu'il se croyait vis à vis des Chabourot sur la voie de certaines découvertes importantes dont il pourrait peut-être bientôt lui dire la nature expresse et le détail ; en même temps il ajouta que, pour le succès de ses investigations, il avait un assez grand intérêt à ignorer le moins possible ce qui se passait quotidiennement dans la maison des gens qu'il avait ainsi à l'index. Cette nuageuse ouverture eût peut-être suffi pour animer le zèle de madame Bouvard, qui était loin d'en avoir fini avec ses anciens soupçons, à accepter auprès des équivoques amis de Leduc la délicate mission d'exploratrice, dont on lui insinuait de prendre la charge; mais un autre fait, jusqu'ici inconnu de nos lecteurs, venait en aide à la persuasive influence de cette semi-révélation.

Le jour où M. de Chabourot avait écrit à l'aide-major pour changer l'heure de leur rendez-vous, celui-ci ne s'étant pas trouvé chez lui, les gens de son hôtel, voyant le porteur de la lettre fort affairé à ce qu'elle lui fût immédiatement remise, avaient renvoyé cet homme à se pourvoir devant madame Bouvard, chez laquelle ils savaient que Cousinot avait des habitudes. Intriguée depuis quelques jours, des absences et des froideurs de l'officier de santé, cette Didon n'avait pas hésité à faire main basse sur la missive qui se présentait; en se chargeant de la faire parvenir dans le plus bref délai; et, l'arrêtant court en son chemin, elle l'avait impétueusement décachetée. Si elle n'y avait pas trouvé, comme elle s'y attendait, la preuve flagrante d'une infidélité, elle y avait du moins rencontré, dans la révélation de relations à elle tout à fait inconnues entre l'aide-major et la famille Chabourot, le sujet des plus fécondes méditations. Aux premiers indices d'un précieux mystère pointant déjà dans cette lettre, dont, au reste, Cousinot n'avait guère remarqué la disparition, puisqu'elle n'avait rien à lui apprendre que M. de Chabourot ne lui eût dit de vive voix, s'ajoutait maintenant l'aveu oral de l'officier de santé, qui marquait vers la manifestation de cet intéressant secret une marche incontestablement progressive; en fallait-il tant pour décider la curieuse hôtesse à prêter le concours à la fois actif et aveugle qui lui était demandé?

Au moyen de cette ancienne femme de

charge que nous avons dit être dans ses relations, et qui, précédemment déjà, lui avait servi à rectifier ses idées touchant le personnage de Leduc, madame Bouvard eut bientôt fait d'avoir un œil et une oreille à l'hôtel Chabourot. Mais il arriva de ses empressements et de ses investigations ce qu'il arrive fréquemment des zèles de police quand ils ont plus d'ardeur que d'intelligence. D'abord, des remarques sans intérêt et sans importance parvinrent seules à l'aide-major, qui, dépaysé encore par les traîtreuses démarches de M. de Chabourot, feignant de négocier sur sa prétention, fut sur le point de s'endormir dans une sécurité trompeuse.

Cependant, au bout de quelques jours, il lui parut que ses limiers avaient trouvé la vraie piste, quand on commença de l'entretenir d'un mariage dont il était question pour la fille de la maison. Ordre ayant été donné par lui de pousser vigoureusement les recherches de ce côté, il ne dut plus douter d'un projet arrêté de mettre à profit son absence, quand on lui annonça officiellement qu'un extrait de l'acte de publication du mariage projeté avait été vu affiché à la mairie du 10e arrondissement. C'est alors qu'il se résolut à une nouvelle détermination bien autrement grave, car nous avons dit tout à l'heure, on se le rappelle, que du fonds de sa retraite deux mesures défensives avaient été adoptées par lui.

Frappé de l'insuffisante impression que paraissaient avoir faite ses menaces sur ses adversaires, il crut nécessaire de raviver leurs terreurs en mettant sous leurs yeux et en leur faisant toucher au doigt la réalité matérielle et positive des pièces dont il était possesseur, et dont l'existence n'était peut-être pas assez nettement établie pour eux. Dans ce but, et quoiqu'il y eût d'incontestables dangers à ce moyen d'action, il écrivit au capitaine Lambert, que, *bloqué* chez lui par une sentence arbitraire du colonel, il éprouvait un vif désir, pour charmer les ennuis de sa captivité, de recevoir les consolations de son amitié; en même temps il le priait, par un *post-scriptum*, les *post-scriptum* recèlent souvent la mère-goutte d'une longue épître, d'apporter avec lui, s'il consentait à se déplacer, le paquet confié à sa garde.

Quand même l'appel fait à ses sentiments d'affectueux dévouement n'eût pas suffi pour décider le capitaine à entreprendre le voyage de Paris, la mention qui était faite des cruels papiers remis à ses soins semblait lui indiquer que le dénouement d'une affaire qui lui avait causé tant de sollicitude était sur le point de s'opérer. Étant en quelque sorte convié d'y assister, il se mit immédiatement en route ; et, pourvu du dépôt laissé en ses mains, lequel, quand on y regarde bien, n'est pas l'un des *personnages* les moins imposants de notre récit, il ne tarda pas à arriver chez Cousinot, où il était impatiemment attendu.

XXII.

Cependant une grande activité présidait à tous les préparatifs du mariage de M. de Freneuse, et bientôt tout fut mis en voie d'une conclusion assez prochainement définitive pour qu'il y eût lieu de s'occuper d'une cérémonie qui, sans être essentielle, a cependant, dans certaines combinaisons matrimoniales, une importance marquée.

Selon les mœurs bourgeoises, l'acte le plus extérieur d'un mariage c'est la comparution des parties devant l'officier de l'état-civil et la bénédiction nuptiale ; dans une sphère plus élevée, ces deux faits s'accomplissent aussi secrètement qu'il est possible, et c'est pour la signature du contrat pardevant notaire qu'on se réserve de faire une convocation extraordinaire des amis et connaissances des deux familles. A quoi tient cet usage ; il y a mille raisons à en donner et pas une. Est-il une glorification des intérêts matériels que le tabellion est chargé de régler? nous aimons à croire le contraire. N'étant pas encore placée, comme le jour de la célébration légale et religieuse, sur le seuil de la chambre nuptiale, la fiancée, dans sa pudeur de jeune fille, s'inquiète-t-elle moins du grand concours des spectateurs se pressant autour de son bonheur? Cette nuance serait assez délicate, mais n'est-elle pas un peu cherchée ? Enfin, la vanité des contractants trouve-t-elle une satisfaction d'amour-propre à faire chatoyer sous les yeux d'une nombreuse assemblée les splendeurs de la dot, la magnificence des préciputs et du douaire, en un mot, la pécunieuse importance du fait qui va s'accomplir? Nous ne savons, mais toujours est-il qu'ainsi se passent les choses selon l'étiquette de la vie aristocratique, et quelques raisons qu'eût la famille Chabourot de craindre le retentissement d'une pareille réunion, soit qu'elle n'eût pas pu, soit qu'elle n'eût pas voulu en décliner l'impérieuse coutume, beaucoup de monde avait été appelé à venir contresigner la félicité notariée des époux.

Et toi, Brutus Cousinot, que fais-tu pendant ce temps-là? Tu dors!!! Tu laisses à la lueur resplendissante des bougies, au milieu d'une atmosphère de fête répandue sur toute cette maison qui s'épanouit à ton absence, entamer le droit que si non la naissance, au moins la conquête t'avait donné sur cette belle fiancée!

Déjà le notaire a pris place, déjà même plusieurs feuillets du glorieux manuscrit, qui, sous la garantie du timbre royal, arrête la teneur des conventions matrimoniales, ont été lus au milieu du recueillement de l'assemblée quand M. de Chabourot, dont personne n'avait avisé l'absence, vient tout à coup à rentrer dans le salon.

Sa figure est pâle, sa démarche affairée et presque convulsive; s'avançant auprès de la table où est assis l'officier ministériel, il lui parle bas en l'interrompant.

— Comment cela, Monsieur?... fait le notaire en levant vers lui la tête d'un air étonné.

M. de Chabourot n'a pas le courage de répéter les étranges paroles qu'il vient de prononcer, mais de la tête et du geste il persiste. Prenant alors sur lui d'élever la voix et de rendre compte à l'assistance de cette scène sous laquelle elle s'est émue comme on se l'imagine :

— Monsieur le baron, dit l'officier ministériel, m'engage à ne pas continuer ma lecture qui serait aujourd'hui sans but.

A ces mots, madame de Chabourot se précipite vers son mari qu'elle interroge avec véhémence; celui-ci reste inébranlable dans la détermination qu'il paraît avoir prise; M. de Freneuse s'approche à son tour, et avec un sang-froid plein de dignité, s'enquiert des motifs d'une démarche sans nom, mais qui lui est une mortelle injure. Le baron balbutie quelques excuses, essaie de protester de l'estime qu'il continue d'avoir pour celui qu'il offense, mais ne paraît pas décidé à laisser modifier sa résolution. M. de Fréneuse se rend alors auprès de madame de Janvry, qui s'est fait une contenance en se trouvant mal, et aussitôt qu'elle paraît se ranimer sous sa parole, il l'entraîne hors du salon suivi de toute sa parenté. Quelques intimes cependant ont essayé de s'entremettre sans pouvoir obtenir ni éclaircissements, ni remises sur le parti pris du baron. Madame de Chabourot s'écrie que c'est un homme à interdire, et que depuis quelque temps il est sujet à des absences; mais personne ne croit à cette burlesque explication de l'horrible scandale qui vient d'avoir lieu, et une sorte d'instinct général pousse, au contraire, l'assemblée entière à admettre la réalité d'une sérieuse quoique inexplicable influence, sous laquelle il s'est produit. Voyant que sa présence n'est décidément plus nécessaire, le notaire prend le parti de la retraite; en quoi il est imité par une portion des assistants empressés de se soustraire à une sorte de méphitisme moral qui dérobe l'air à cette réunion. Les autres suivent par discrétion, voyant que madame de Chabourot s'est jetée en pleurs sur un siège et que sa fille, qui s'empresse autour d'elle, en est à peine accueillie; plus animé qu'on n'a jamais eu occasion de le voir, M. de Chabourot se promène à grands pas dans le salon et donne peu d'attention à ce désordre né de sa démarche. A la fin, s'approchant de Thérèse tandis que les derniers témoins de cette scène douloureuse achèvent de disparaître, il prend cette chère enfant dans ses bras, l'embrasse avec effusion et laisse tomber ces effrayantes paroles : « Ma fille, ne me jugez pas mal :

ce qui vient de se passer était nécessaire, comme d'autres sacrifices pourraient l'être encore. Laissez-moi maintenant avec votre mère, et quoi que ma conduite puisse avoir pour vous d'inexplicable, sachez seulement que j'ai empêché encore bien plus de mal que je n'en ai fait. »

XXIII.

Nous ne ferons pas l'injure à nos lecteurs de leur expliquer la génération mystérieuse de la scène que nous venons de raconter. Ils ont compris de reste que le coup partait de la main de Cousinot.

Instruit à point de la réunion qui avait lieu à l'hôtel Chabourot, et de son but, il avait trouvé le cas assez grave pour encourir, en vue d'y aviser, les conséquences d'une sortie de contrebande. Ayant eu soin de faire boire largement le planton de garde à la porte de sa chambre, vêtu des habits du capitaine Lambert, qui s'était couché dans son lit, à sa place, et avait fait ainsi le rôle d'une espèce d'épouse de Grotius ou de dame Lavalette, il s'était rendu rue de Varennes, avait demandé à parler à M. de Chabourot, dont il avait pensé avoir meilleur marché que de sa femme, et alors, mettant sous ses yeux les papiers émanés de Leduc, et que pour que cette grande occasion il avait tirés de leur secret asile, il avait menacé, si l'on passait outre à la signature du contrat, de pénétrer jusqu'au salon, et là, devant la brillante assemblée qui s'y trouvait réunie, de tout révéler. A moins de se jeter sur les titres que ce terrible adversaire lui produisait et de le poignarder, M. de Chabourot n'avait qu'à obéir et à exécuter ses volontés. Or, les moyens violents n'étaient ni selon son caractère ni selon la prudence, il avait dû faire ce que nous venons de voir ; et madame de Chabourot elle-même, quand les choses lui furent racontées, fut obligée de convenir. malgré l'exaltation de sa colère, qu'on n'avait guère pu procéder autrement.

Cependant un mal immense était fait : non seulement le mariage de M. de Freneuse était rompu, mais par suite du scandale au milieu duquel avait eu lieu cette rupture, il était impossible aux victimes de la violente démarche de Cousinot de calculer la déconsidération et les suspicions variées et bizarres auxquelles elle allait les livrer. Aussi un découragement profond parut-il prêt à s'emparer de madame de Chabourot. Il ne tint à rien dans le premier moment que, se rangeant à l'avis de son mari qui, incessamment frappé de l'idée d'un dénouement funeste, avait toujours incliné à tous les sacrifices pour arranger cette odieuse affaire, elle ne se remît à la discrétion de leur dangereux adversaire et qu'elle ne consentît à expérimenter cette problématique modération, dont il avait pris l'engagement, pour le cas où l'on voudrait traiter à l'amiable de ses prétentions. Mais à supposer même qu'on se décidât dans ce sens, restait toujours une question difficile, à savoir celle de l'attitude que l'on garderait sous les regards et sous les commentaires d'un monde curieux et médisant qui allait prendre en pâture le cruel évènement de la soirée.

A moins de déclarer à l'instant même le choix du mari si comprometta auquel était exposée Thérèse, ce que Cousinot lui-même ne demandait pas puisqu'il continuait à n'exiger que conditionnellement le consentement paternel qu'il subordonnait aux sentiments que la jeune fille prendrait pour lui, il fallait trouver une explication moins expresse et provisoire en quelque sorte à la brusque dépossession de M. de Freneuse. Après avoir longtemps cherché, on s'arrêta à un avis mitoyen qui avait ouverture à la fois sur l'avenir et sur le présent.

Les rôles furent partagés : il fut convenu que madame de Chabourot ne modifierait pas sa position ; qu'elle persisterait à paraître vouloir le gendre qu'elle avait d'abord choisi, et que son mari seul passerait pour avoir changé d'avis. Le motif de ce changement, il n'était pas nécessaire de le déterminer séance tenante ; ce serait jusqu'à nouvel ordre une de ces vagues raisons dont on se réserve à un moment donné de révéler la portée précise, et qu'en attendant on fait considérable par le secret même dont on l'entoure. Si plus tard on parvenait à conjurer les exigences de l'officier de santé, alors madame de Chabourot, qui n'aurait jamais abandonné le parti de M. de Freneuse, passerait pour avoir triomphé de la résistance de son mari, et tout pourrait se renouer ; si au contraire on devait arriver à subir la dure extrémité de l'alliance Cousinot, à ce moment, M. de Chabourot révèlerait la cause restée inconnue qui aurait milité en faveur de ce choix et qui ne serait pas absolument difficile à inventer. Dans cette combinaison se rencontrait seulement une nuance bien invraisemblable eu égard aux habitudes connues de l'existence des deux époux ; c'est que M. de Chabourot serait censé, par la force de sa volonté, avoir paralysé la volonté de sa femme, c'est qu'une fois il aurait fait selon sa prudence et son plaisir, et que madame de Chabourot se serait soumise. Après tout cependant, le succès d'une insurrection maritale n'est point un fait absolument anormal et dont quelque exemple soit impossible à trouver.

Toutefois, durant la nuit qui suivit, madame de Chabourot, d'abord abattue sous le coup qui l'avait frappée, reprit un peu de cette énergie et de cette résolution opiniâtre dont nous l'avons vue déjà donner plus d'une preuve ; réflexion faite, la détermination prudente de son mari lui parut empreinte d'une hâte excessive à courir couardement au devant de la pire chance qui leur fut réservée. Après avoir tenu conseil avec le pauvre homme, elle tint conseil seule à seule avec son amour-propre, avec l'orgueil de sa naissance, et elle trouva dans les excitations de ces éternels mobiles de toutes ses actions, le courage de continuer la lutte, ne fût-ce que pour quelque temps encore, et sauf à se rendre à discrétion lorsqu'elle aurait un peu plus longuement combattu. Elle fut d'ailleurs d'autant plus facilement entraînée à cette nouvelle prise d'armes qu'elle s'aperçut pouvoir la pratiquer sans que presque rien fût changé au plan de campagne qui venait d'être réglé : ce fut, à ce qu'il lui sembla, un simple chapitre qu'elle ajoutait au budget précédemment arrêté de leurs voies et moyens. Aussi ne jugea-t-elle pas même convenable d'entretenir son mari de cette détermination nouvelle à laquelle il n'eût pas manqué, à son ordinaire, de faire mille objections et de trouver mille périls. L'exécution pouvait être immédiate, elle y suffisait seule, elle résolut donc d'y procéder sans aucun ajournement.

XXIV.

Le lendemain matin, de bonne heure, la baronne écrivit un biàllet madame de Janvry, pour lui demander un entretien, auquel elle désirait, disait-elle, que M. de Freneuse pût assister. Madame de Janvry, au milieu de l'irritation que lui avait pu causer le traitement auquel elle et son neveu s'étaient trouvés exposés la veille, avait une trop vive curiosité d'en obtenir l'explication, pour ne pas se prêter avec empressement au désir qui lui était manifesté.

Quelque chose de fort touchant pour la forme au moins, nous ne cautionnons pas le fonds, se passa au commencement de cette entrevue. En entrant, madame de Chabourot se précipita avec larmes dans les bras de madame de Janvry, et cet élan, comme le remarqua à part lui M. de Freneuse, pouvait déjà passer à lui seul pour une protestation de la baronne contre tout ce qui s'était fait ; du reste, la parole allait plus complètement donner à cette pantomime pathétique son véritable sens.

—Est-ce que je n'ai pas à tout jamais perdu votre amitié et votre estime? demanda madame de Chabourot à madame de Janvry; et vous, monsieur de Freneuse, est-ce que vous consentirez à entendre mes excuses, sinon à les agréer ?

— J'accepterai avec reconnaissance les moindres explications dont vous croirez devoir m'honorer, répondit M. de Freneuse respectueusement.

— Eh! mon Dieu, reprit la baronne, comment vous expliquer ce qui est pour moi-même, inexplicable? M. de Chabourot, que j'ai interrogé avec la passion de curiosité que vous pouvez bien supposer, ne m'a rendu raison de rien, et j'en suis à me demander si lui-même a su la portée de sa démarche et s'il n'a pas agi sous le coup d'une fascination.

— Supposition étrange, repartit M. de Freneuse mettant la plus extrême mesure à exprimer son doute.

— Certes, ma position est déplorable, dit alors madame de Chabourot, et il faut toute l'ardeur que j'ai à me maintenir dans des rapports supportables avec des personnes qui ont failli me tenir de si près, pour affronter l'embarras, l'inextricable, je dirai pour que le ridicule de mon personnage. Je devrais savoir au moins quelque chose de la monstruosité dont on me force d'être complice à votre égard; eh bien! ajouta-t-elle d'un naturel véritablement sans égal, je ne sais rien, et j'en suis réduite à venir vous prier de joindre votre perspicacité à la mienne pour essayer de me démêler au milieu de la conduite que la famille de Chabourot juge convenable de tenir à votre égard; je demanderais presque à M. de Freneuse pourquoi je ne veux pas de lui pour gendre, et quels sont les méfaits que j'ai à lui reprocher?

— Elle est vraiment charmante, même au milieu de nos tristes préoccupations, dit madame de Janvry, qui, d'ordinaire, goûtait beaucoup l'esprit de la baronne, et que cette bonhomie si bien jouée enchanta.

Quant à M. de Freneuse, qui était un homme à moins se payer de surfaces, il reprit avec une certaine gravité :

— La résolution de M. votre mari a paru en effet assez fantasquement prise pour qu'elle vous ait trouvée aussi ignorante et aussi peu préparée qu'aucun de nous, mais c'est vraiment à lui un despotisme de déraison bien singulier que de vouloir garder, sur les motifs qui l'ont fait agir, un secret à la connaissance duquel, vous même, Madame, ne soyez pas même admise.

— J'ai bien, malgré sa discrétion, comme un doute de ce qu'il peut être de sa détermination, repartit la baronne ; mais vagues pour moi, vagues à plus forte raison pour vous, les causes de ce brusque revirement sont peut-être mal dessinées pour M. de Chabourot lui-même, en sorte que tout ce qui s'est passé est véritablement pour moi un puits sans fonds. M. de Chabourot veut-il? lui a-t-on fait vouloir? voudra-t-il demain, après-demain encore, c'est ce qu'il m'est impossible de savoir. Aussi, dans mes perplexités, j'ai déserté à l'ennemi (en disant ces paroles, elle prenait affectueusement la main de madame Janvry), afin de voir si de votre camp je ne parviendrais pas à voir un peu plus clair dans ces sottes ténèbres que du camp où de fait je suis engagée.

— Voyons, fit alors madame de Janvry enchantée qu'il y eût un écheveau assez embrouillé à dévider, dites-nous un peu vos suppositions.

— Vous avez bien vu, répondit la baronne,

cette espèce d'Osage qui se trouva l'autre soir avec vous dans mon salon?

— Ce carabin? fit dédaigneusement madame de Janvry.

— Oui, que mon mari m'avait dit être le fils d'un de nos fermiers, mais qui, dans le fait, ne nous tenait pas même par ce lien.

— Vous pensez, Madame, demanda M. de Freneuse, qu'il pourrait être pour quelque chose dans le malheur qui m'est arrivé?

— J'ai quelques raisons de croire que son influence, si l'on approfondissait les choses, s'y trouverait marquée. Vous savez que je vous contai, séance tenante, qu'il m'avait entretenu d'un autre mariage; vous savez encore que M. de Chabourot tint beaucoup à ce que je le reçusse, et qu'enfin il me quitta assez mécontent?

— Oui, fit M. de Freneuse avec un air de profonde attention.

— Eh bien! reprit madame de Chabourot, si je ne me trompe, cet homme avait vu mon mari fort peu de temps avant l'horrible scène, en sorte que, si je ne l'en accuse pas, assurément, non plus, je n'affirme pas qu'il y ait été étranger.

— Mais, sans doute, s'écria madame de Janvry, comme illuminée, ce misérable aura jeté quelque calomnie sur la route d'Alfred, et, bon et naïf comme nous le connaissons, M. de Chabourot s'y sera laissé prendre.

M. de Freneuse ayant fait alors remarquer que, dans l'hypothèse indiquée par sa tante, M. de Chabourot n'eût pas manqué de s'expliquer avec lui préalablement :

— Aussi, repartit la baronne, me gardai-je bien de mettre en avant la supposition pourtant très admissible de madame de Janvry ; mais celle-là ou une autre, j'avoue que je me perds à découvrir la vraie ; j'ai vainement retourné mon mari en tous les sens, et ce n'est pas tant encore son secret que la manière dont il le garde, qui me passe : j'avoue qu'il est un homme complètement nouveau pour moi en cette occasion.

— Mais si je prenais moi-même le soin de l'interroger ?...

— Qui, fit la baronne, M. de Chabourot ou *l'autre ?*

— M. de Chabourot, répondit M. de Freneuse, à mille lieues de deviner le projet qu'on avait sur lui.

— Pour ce qui est de mon mari, repartit madame de Chabourot, je crois connaître assez bien les êtres de son intelligence, et j'avoue qu'il est resté pour moi d'une *impénétrabilité* désespérante. Quant à celui que je soupçonne, si je n'étais femme et que ce ne fût pas une espèce de coupe-jarret, logé, tout ce qu'il y a de plus en garçon, dans un hôtel garni, à l'autre bout du monde, rue Neuve-Saint-Étienne, près du Jardin-des-Plantes, j'avoue que j'aurais eu la curiosité de le voir pour tâcher de connaître le mode d'ensorcellement dont il s'est servi.

— Si vous y alliez, vous, Alfred, fit étourdiment madame de Janvry, qui n'était pas la mère, — qui n'était que la tante de M. de Freneuse.

— Oh! non, répondit madame de Chabourot avec une vivacité qui jouait l'épouvante et qui était toute propre à embarquer le pauvre jeune homme, ne fût-ce que par respect humain et par amour-propre dans une démarche dont les conséquences pouvaient s'entrevoir aussitôt.

— J'irai, ne vous en déplaise, répondit d'un grand sang-roid M. de Freneuse.

— Y pensez-vous, mon cher Monsieur, reprit l'affreuse baronne, aller vous commettre avec on ne sait qui, car, je vous le répète, j'ignore d'où il nous sort, et par quelle porte secrète il a eu entrée dans notre vie.

— On serait trop heureux, repartit M. de Freneuse, si l'on se trouvait toujours en présence d'un digne adversaire; la société est ainsi faite de notre temps, qu'il faut savoir se résigner à être soi-même l'exécuteur de la sentence encourue par certains misérables qui se mettent en travers de votre route. D'ailleurs, vous voyez aussitôt, Madame, les choses à l'extrême, et nous n'en sommes pas là.

— Oh! Monsieur, fit en joignant les mains madame de Chabourot, une explication si délicate, un homme qui porte l'épée, quoiqu'il y ait une trousse dans son bagage!...

— Folle que vous êtes, se prit à dire madame de Janvry tout égayée de cette espèce de saillie sérieuse de la baronne, vous feriez rire d'un œil et pleurer de l'autre. Soyez en paix, du reste, si votre apothicaire a besoin d'une leçon, je ne connais personne de plus capable de la lui donner que M. de Freneuse; comme bien vous le pensez, je n'ai jamais été au tir avec lui, mais j'ai toujours entendu dire qu'il y avait foule pour admirer son adresse miraculeuse quand il y venait.

— C'est ce qu'on m'avait déjà dit, repartit la baronne.

— A force de vouloir rassurer madame, reprit alors M. de Freneuse, vous allez tout simplement, ma tante, me faire passer pour un de ces braves qui courent les risques d'une rencontre à coup sûr; mais, Dieu merci, il ne s'agit ni de ma bravoure ni de mon adresse, et les renseignements que j'ai à prendre auprès du mystérieux démon de M. de Chabourot ne comportent pas d'abord cette extrémité. Vous dites un hôtel garni, rue Neuve-Saint-Étienne ? Son nom, si vous voulez bien ?

— Je ne vous le dirai certes pas, s'écria madame de Chabourot théâtralement.

— Et moi, je m'en passerai certes bien, repartit M. de Freneuse, les hôtels garnis ne doivent pas foisonner dans le quartier du Jardin du Roi pas plus que les chirurgiens dans les hôtels garnis.

Là dessus, il prit son chapeau, salua les deux dames, et sortit sans plus rien écouter.

FIN DU TOME PREMIER.

www.ingramcontent.com/pod-product-compliance
Lightning Source LLC
Chambersburg PA
CBHW060417170426
43199CB00013B/2177